Mamas ERSTE Monate

Was du unbedingt über die Zeit nach der Geburt wissen musst

KRISTINA LUNEMANN

Mamas ERSTE Monate

Impressum

Copyright © 2021 MamasNest® Kristina Lunemann

Lektorat: Isabelle Romann, www.isabelle-romann.de

Coverdesign: Désirée Riechert, www.desireeriechert.com

Copyright und Haftungsausschluss

Alle Rechte vorbehalten.

ISBN: 978-3-9824841-1-2

Bildnachweise: © shutterstock: Sell Vector, Oneline Stock, Singleline, Valenty, Simple line, DoDomo

© Adobe Stock: LuckyStep, art_of_line, monami88

Danksagung

Mit Begeisterung und aus tiefsten Herzen bedanke mich bei allen Beteiligten, die mich unterstützen und es mir möglich machen, dieses Buch zu veröffentlichen.

Namaste

 Danksagung

Ein neues Leben

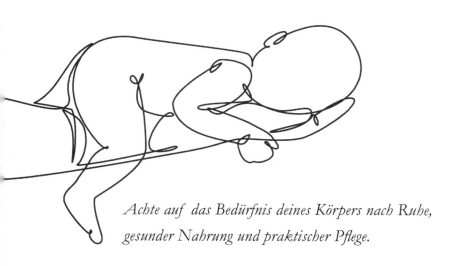

Achte auf das Bedürfnis deines Körpers nach Ruhe, gesunder Nahrung und praktischer Pflege.

Widmung

Überall auf der Welt haben Frauen gleichzeitig mit dir ein winziges Baby. Du bist kürzlich zum ersten Mal Mutter geworden und fühlst dich noch unsicher in deiner neuen Rolle.

Das Buch widme ich dir, weil du dir die Zeit mit Kind schön ausgemalt hast und feststellst, dass der Alltag mit seinen vielen Herausforderungen ganz anders läuft.

Hier bist du der Mittelpunkt! Wenn du dich stabilisiert fühlst, wirst du spüren, wie sich dein Akku wieder auflädt. Es fällt leichter, auf deine natürlichen Instinkte, dein Bauchgefühl und die Signale deines Babys zu hören. Da liegt die Kraft. Du kannst nur Energie geben, wenn du selbst welche hast!

Inhaltsverzeichnis

Danksagung 5

Widmung 7

Plötzlich Mama
Wenn dich die neue Lebensphase anders als erwartet
herausfordert 11

Mama sein – und wo bleibst du?
Wie du die Schlüssel für ein Gefühl der Sicherheit und
Geborgenheit in dir selbst wieder nutzt 35

Chaos in Kopf und Körper
Wenn dein Körper und die Gefühle Achterbahn fahren 49

Blues nach der Geburt
Warum es in Ordnung ist, traurig zu sein 61

Dem Geburtstrauma begegnen
Wie du den Zusammenhang zwischen Geburt und Trauma
besser verstehst und deine Ängste überwinden kannst 71

Inhaltsverzeichnis

Deinen Körper nähren
Was du sofort tun kannst, um dich zu stärken 91

Sexualität und Körpergefühl
Warum sich die Liebes- und Paarbeziehung nach
der Geburt verändert 113

Ganz schön stark – Ganz schön Frau!
Wie du Perfektionismus gegen Gelassenheit tauschst 131

Zukunftsgedanken
Wie du dich auf weitere Geburten vorbereitest 155

Von A bis Z
Wie dich eine gut sortierte Hausapotheke
unterstützen kann 163

Stärkende Gedanken für die neue Lebensphase
Wie du aufkommenden Sorgen und Ängsten
entgegenwirken kannst 181

Die Autorin 193

Quellenverzeichnis 199

Haftungsausschluss 204

Plötzlich Mama

Wenn dich die neue Lebensphase anders als erwartet herausfordert

Während der Mutterschaft entstehen neue Aufgaben und Anforderungen an uns Mütter. Gute Vorbereitungen und der Umgang mit komplizierten Situationen sind entscheidende Schlüssel, um einen klaren Kopf zu behalten. Als werdende Mutter ist es schwierig für dich, dir vorzustellen, welche Herausforderungen mit Baby auf dich zukommen werden. Dein Baby zu bekommen, zu umsorgen und zu erziehen ist eine anstrengende Aufgabe. Da ist ein Gefühl von Überforderung normal. Das ist wichtig, um die eigenen Grenzen kennenzulernen, um vor lauter Mutterliebe oder keinem Gefühl von Mutterliebe nicht den Bezug zu dir zu verlieren. Gedanken von Scham und Selbstvorwürfen stehlen dir Energie, und damit befindest du dich auf einer niedrig schwingenden Frequenz. Viel zu selten sehe ich, dass Frauen die Hilfe erhalten, die sie benötigen. Mütter müssen entsprechend ihren Bedürfnissen besser und respektvoller begleitet werden.

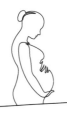

Plötzlich Mama

Unser System und gesellschaftliche Einstellungen zum Thema Geburten haben sich in den letzten Jahrzehnten ziemlich gewandelt. In meiner Welt tatsächlich zum Negativen: hohe Kaiserschnittraten, Wirtschaftsunternehmen Krankenhaus, Hebammenmangel, Unterdrückung einer Geburtskultur. Dies sind nur einige Stichworte, die die derzeitige Realität beschreiben. Mütter werden zu häufig mit ihrer neuen Situation alleingelassen. Doch Stimmen, die sich für sichere und selbstbestimmte Geburten starkmachen, werden lauter. Die Art und Weise, wie wir geboren werden, wie wir gebären dürfen, legt einen entscheidenden Grundstein in unserer Entwicklung. Das ist die Basis, auf der wir aufbauen, die uns stabilisiert.

In den vergangenen Jahren habe ich einen Satz häufig gehört: „Hätte ich diese Informationen doch schon vor der Geburt gehabt!" Dieses vielen Frauen fehlende Wissen brauchen wir definitiv. Für den Alltag nach der Geburt und für die anstrengenden Wochen der frühen Familienzeit ist dieses Buch der perfekte Ratgeber: ehrlich und offen, ein Wegweiser in turbulenten Zeiten. Du wirst mehr Souveränität, Seelenfrieden und Gesundheit erfahren.

Plötzlich Mama

Es ist nicht sinnvoll, die unschönen Erlebnisse von Müttern schönzureden. Wir dürfen diese Erfahrungen nicht in Schubladen verstecken. Als Gesellschaft müssen wir die Stimmen der Mütter besser wahrnehmen.

Vielleicht zerstört es bei der einen oder anderen das rosarote Bild. Ein Traumbild, welches immens hohe Erwartungen an uns und das neue Sein als Familie nach sich zieht. Aber mal ehrlich: Wie fühlt es sich an, wenn du das Gefühl hast, dass dir vor der Geburt nicht die Wahrheit gesagt wurde? Dass niemand Klartext gesprochen hat? Ich sehe es als meine Pflicht an, ein bisschen Realität auch in deinen Alltag zu bringen. Es geht nicht darum, sich mit Szenarien zu beschäftigen. Jede Geschichte ist individuell. Vielmehr geht es darum, beide Seiten der Medaille zu beleuchten. Wir brauchen Unterstützung, um mit emotionalen Problemen umgehen zu können. Denn wir sind viele, wenn nicht sogar die meisten Mamas, die etwas in dieser Richtung erleben. Die Vorbereitung einer emotionalen Stabilisierung und Wiederherstellung nach der Geburt gehört wie das Windelnwechseln ab jetzt in deinen Alltag. Zusammen ist es doch leichter als allein.

Nach der ersten Euphorie treten bei recht vielen Müttern und auch Vätern Depressionen, Ängste und Schuldgefühle auf. Für unterschiedliche Symptome zu unterschiedlichen Zeiten werden unterschiedliche Begrifflichkeiten benutzt, auf die ich hier kurz eingehen möchte:

Plötzlich Mama

Babyblues

Fühlst du dich bedrückt, hast du eine schnell reizbare und freudlose Stimmung und besteht eine pessimistische Zukunftsstimmung? Einen Babyblues oder auch Heultage erleben bis zu drei Viertel aller Mütter! Dies ist eine kurze Phase von bis zu vierzehn Tagen nach der Geburt. Sie entsteht meist zwischen dem dritten und fünften Tag nach der Entbindung. Dein Östrogenwert steigt in der Schwangerschaft um ein Vielfaches an. Dadurch wachsen deine Brüste, und die Gebärmutter, deine Körperflüssigkeiten vermehren sich. Dein Progesteronspiegel steigt allein im letzten Trimester um das Zehnfache. Beide Hormone sinken fast auf null nach der Geburt. Da fühlt sich *frau* wie im freien Fall. Doch durch genau diesen rapiden Abfall der Hormone entsteht der Milcheinschuss, und der Prozess der Rückbildung wird eingeleitet. Prolaktin (Milchbildungshormon) und Oxytocin (Bindungshormon) sollen den Verlust der anderen beiden Hormone ausgleichen, schaffen aber nicht immer direkt einen seichten Übergang. Wie du siehst, ist unser Körper ein Wunderwerk der Natur, und alles hat einen Sinn. Manchmal ist der individuelle Weg dorthin etwas holpriger, und Symptome der Hormonumstellung hinterlassen Beschwerden bei dir.

Als typische Kennzeichen eines Babyblues gelten:

- » Müdigkeit und Erschöpfung
- » Empfindsamkeit und Stimmungsschwankungen
- » Traurigkeit und häufiges Weinen
- » Niedergeschlagenheit
- » Schlaf- und Ruhelosigkeit

- » Schuldgefühle, dem Baby nicht gerecht zu werden
- » Konzentrations-, Appetit- und Schlafstörungen
- » Ängstlichkeit und Reizbarkeit

Fühlst du dich durch diesen gewaltigen Einschnitt in deinem Leben irritiert? Das Stimmungstief ist eine zeitlich begrenzte und sehr häufig vorkommende Erscheinung.

Sollte sich die Stimmung allerdings nach über drei Wochen nicht bessern, könnte dies ein Anzeichen einer postpartalen Depression sein.

Postpartale Depression/Wochenbettdepression

Anhaltende Stimmungstiefs und Erschöpfung können ein Zeichen depressiver Zustände sein. Besonders für Frauen, die sich in ihrer neuen Rolle als Mutter erst zurechtfinden müssen und mit der Verantwortung für ihr Baby häufig noch überfordert sind, ist dieses Krankheitsbild sehr belastend. Ungefähr zehn bis zwanzig Prozent aller Mütter sind von diesen Symptomen betroffen.

Typische Kennzeichen können sein:

- » Müdigkeit, schwere Erschöpfung
- » Traurigkeit, Gefühl innerer Leere
- » das Gefühl, mit dem Kind nichts anfangen zu können, es nicht zu lieben
- » Konzentrations- und Schlafstörungen

Plötzlich Mama

- » zwanghaftes Grübeln (wiederkehrende destruktive, schlimme Vorstellungen und Bilder, die nicht in die Tat umgesetzt werden) und übertriebene Ängstlichkeit
- » Selbsttötungsgedanken

Ausführliche Infos dazu findest du auch bei dem Verein Schatten und Licht e. V. unter diesem Link: https://schatten-und-licht.de/krankheitsbilder/

Von euch als Eltern wird eine Rund-um-die-Uhr-Bereitschaft und -Betreuung erwartet. Dazu kommt allerdings auch ein kompletter Wechsel der alten Tagesrhythmen. Unruhige Nächte und ein sich immer mehr aufstauendes Schlafdefizit sind nur einige der Veränderungen, die Schwierigkeiten mit sich bringen. Eine große Anzahl von Frauen fühlt sich nach einer Geburt unglücklich, entwickelt psychische Probleme oder Krankheiten.

Noch ein Hinweis zum Sprachgebrauch:

Die meisten Menschen, die noch nie mit einer postpartalen Depression zu tun hatten, kennen lediglich den Begriff der „postnatalen" Depression. Tatsächlich ist es im deutschsprachigen Raum jedoch so, dass sowohl „postpartal" als auch „postnatal" verwendet wird. Beide Adjektive beschreiben dieselbe Art der Depression, machen aber eine unterschiedliche Perspektive deutlich: „Postnatal" bedeutet „nach der Geburt" als Ereignis für das Baby, während „postpartal" als „nach dem Gebären" verstanden werden kann. Hier steht die Mutter im Zentrum der Perspektive.

Da dieses Buch an dich als Mutter adressiert ist und du im Mittelpunkt dieses Ratgebers stehst, verwende ich durchgehend den Begriff der „postpartalen" Depression.

Wie du bestmögliche Hilfe aus diesem Buch ziehen kannst

Nimm dir einen Textmarker zur Hand, wenn du den Ratgeber liest. Streiche die Passagen an, die für dich jetzt gerade wichtig sind. Arbeite die Fragen und Impulse durch, und du wirst mehr Klarheit über deinen aktuellen Stand und mögliche Lösungswege bekommen.

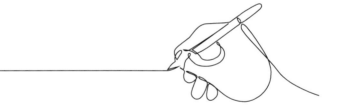

Mein Weg

Seit 2006 bin ich Mama. Ich war gut auf unsere neue Familienzeit vorbereitet. Für die Zeit nach der Geburt hatte ich, wie in Büchern empfohlen, einen Fahrplan entwickelt. Gut durchdacht musste alles sein, um Uni, familiäre Verpflichtungen und die damalige Pendelei zwischen zwei Städten zu organisieren. Mein Studium bot mir Sicherheit, Erziehung sollte kein Problem werden. Ich fühlte mich stark. Mein Mann und ich entschieden uns für eine Geburt im Geburtshaus. Wir waren entspannt im Hinblick auf das, was kommen würde.

Plötzlich Mama

Beide meiner Kinder wurden noch zu Studienzeiten geboren. Die Fahrplanabweichungen, die sich daraus ergaben, brachten unendlich viele weitere Themen und Veränderungen mit sich. Neue Routen, die nicht geplant waren, und Streckenabschnitte mit diversen Baustellen. In den Folgejahren durfte ich mich damit noch viel beschäftigen.

Die Zeit nach der ersten Geburt ist eine meiner größten persönlichen Herausforderungen gewesen. Von einem auf den anderen Tag hatte sich mein ganzes Leben verändert. Ich ging einen Weg, der anfangs extrem einsam für mich war, den Mutterschaftsweg. Das Wort hört sich schlimm an, oder? Leicht, cool und positiv aufregend war diese Wegstrecke definitiv nicht. Ich hatte mir im Studium eine Menge Wissen über die menschliche Psyche und Theorien der Erziehungswissenschaft angeeignet.

Vieles von dem, was der Buchmarkt an Lektüre für Mamas anbot, hatte ich gelesen: Tipps und Tricks über Geburt, Erziehung und darüber, welche Babygadgets wirklich essenziell wichtig waren. Auf Empfehlung hatten wir das Tiefkühlfach gefüllt, und mein Mann kochte die berühmte Hühnersuppe, die nach der Entbindung stärkt. Als junge Eltern haben wir uns sehr bemüht, uns einen weichen Übergang in ein unbekanntes Leben zu gestalten.

Offensichtlich war ich auf viele und andere Dinge vorbereitet, allerdings nicht auf die unvermeidliche Verwandlung, die mit mir passieren würden.

Plötzlich Mama

Mein Leben, wie ich es kannte, war vorbei.

Ich fragte nicht nach Hilfe, ich war es gewohnt, alles für mich allein zu regeln. Ich empfand es schwierig, Mutter zu sein, weil mir diese Verwandlung als „unnormal" vorkam. So konnte ich mich anfangs schwer mit den Veränderungen abfinden. Das Leben überrumpelte mich einfach. Trotz aller Vorkehrungen schrie meine Seele auf, rebellierte, und ich fiel in eine postpartale Depression.

Für die Menschen um mich herum blieb alles irgendwie normal. Gewohnte Abläufe, bekannte Tagesstrukturen etc. Daraufhin war meine Annahme, dass nur ich es wohl war, die die Dinge irgendwie verschoben wahrnahm. Dieser Zustand sollte noch eine Weile anhalten. Mir war klar, dass alle großen Veränderungen Zeit brauchen, anstrengend sind und eine komplette Umstrukturierung stattfand. Meine Psyche allerdings habe ich in meine ganzen Vorbereitungen und Planungen nicht einbezogen. Tatsächlich war ich überrascht, als sie sich irgendwann meldete. Rückblickend würde ich sagen, dass ich aus Unwissenheit die zarte Stimme meines Inneren nicht gut hören konnte. Die Stimme mag anfangs zart gewesen sein. Irgendwann wurde sie lauter und wütender. Sie zog mich langsam in ein tiefes Loch, weil ich sie offensichtlich zu lange nicht interpretieren konnte. Mir fehlten schlicht Handlungsstrategien und Hilfen.

Eine Geburt ist ein individuelles Ereignis, das dein Leben absolut auf den Kopf stellen kann.

Plötzlich Mama

Meine erste Geburt erlebte ich wie geplant im Geburtshaus. Vom Ablauf her eigentlich perfekt. Mein Sohn kam (objektiv betrachtet) sehr zügig und komplikationsfrei in diese Welt. Allerdings habe ich im letzten Drittel der Geburt eine kurze Bekanntschaft mit Todesgedanken gehabt. Das zweite Mal in meinem Leben.

Beim ersten Mal, einige Jahre zuvor, war ich fast ertrunken. In einem Urlaub hatte eine bis dato unbekannte starke Strömung mich vom Ufer weggetrieben. Irgendwann, als ich zwischen den peitschenden Wellen vergeblich versuchte, mir meinen Weg zum Strand zu erschwimmen, kam der Gedanke, dass ich jetzt wohl sterben würde. Meine Kräfte wurden weniger, meine eigenen Rettungsstrategien, wie ich mit der Strömung und den Wellen umzugehen gehabt hätte, schlugen fehl. Ich hatte keine wirkliche Handlungsfähigkeit mehr.

Während der Geburt waren sie wieder da, die Gedanken, jetzt zu sterben. Es war keine Kraft mehr übrig. Ich wusste nicht, was ich noch machen konnte, fühlte mich dem rasanten Gebärverlauf ausgeliefert. Ich wollte, dass mein Kind um alles in der Welt überlebt und herauskommt. Für einen Transport in eine Klinik war es zu spät. Meine Grenze war erreicht. Natürlich kommunizierte ich das. Dann setzte eine Ruhe ein, die mich wegtrug. Alles wurde weicher im Kopf.

Das kannte ich aus der Situation im Meer schon. Ich war weder panisch noch traurig. Das Einzige, was ich wusste, war: Wenn der Gebärprozess jetzt noch länger andauert, dann bin ich zeitnah kaputt.

Viele Frauen haben mir berichtet, dass sie Ähnliches erlebt hatten.

Plötzlich Mama

Ich gehe davon aus, dass ich nicht so schnell gestorben wäre. Doch diese Gedanken und Gefühle sind die Resultate von erlebten Grenzerfahrungen und von einem Eigenschutz des Körpers. Unser bisheriges Empfinden wird gesprengt. Heute habe ich einen Glaubenssatz, der mich beruhigt: Wir bekommen im Leben nur so viel, wie wir auch in dem Moment noch soeben ertragen können.

Als mein Sohn endlich auf der Welt war, wurde ich von einer so starken Müdigkeit überschwemmt, dass ich einschlafen musste. Ich konnte mir noch kurz das Okay von meinem Mann und der Hebamme holen, dass sie sich jetzt um alles und auch das Baby kümmerten, bis ich wieder da sein würde.

Diese absolute Dehnung meiner Grenzen, meines Schmerzempfindens und meiner Erfahrung hat mich an den Tod denken lassen. Niemals dachte ich, dass ich solche Kräfte, die auf mich einwirkten, aushalten könnte. In gewisser Hinsicht war ich völlig erschüttert von diesem Geburtserlebnis. Obwohl es nach außen hin einer Traumgeburt glich: schnell und komplikationsfrei. Das Geburtserlebnis mit all den unterschiedlichen Facetten, denen wir als gebärende Frauen ausgesetzt sind, ist der Startpunkt einer neuen Reise. Wir sind uns sicherlich alle einig: Auf Reisen gehen wir gerne ausgeschlafen, vorbereitet und gechillt. Diese Reise in einem desaströsen Zustand und mit leerem Akku anzutreten, das ist genau das Gegenteil!

Nach der Geburt hätte ich mich am liebsten zurückgezogen, geschlafen und für Wochen regeneriert. Mein Kind und ich waren am Leben, es ging uns gut, doch tief in mir war absolute Alarmstellung. Mein Herz

Plötzlich Mama

jedenfalls war nicht voller Freude und Glück, sondern schwermütig, erschöpft und traumatisiert. Leere im Herzen, Leere in mir.

Das alles war jedoch nicht genug, denn kurze Zeit später schoss mir schon ein neuer Gedanke durch den Kopf: Muttergefühle müssen mich jetzt überschwemmen. Sie tragen mich wie auf einer entspannten Welle, die die Leere mit warmen Gefühlen auffüllen. Dem war allerdings nicht so. Die Leere blieb, und ein schlechtes Gefühl wegen dieser fehlenden Muttergefühle klebte nun zusätzlich an mir. Da war eine überaus ätzende Mischung an Gefühlen in mir, und die blieb auch. Hätte ich damals gewusst, dass es völlig normal ist, auch so zu empfinden, Leere zu haben, hätte ich mich weniger von negativen Gedanken verstören und einnehmen lassen.

Nach einer Geburt sind nicht alle Gedanken fröhlich und leicht.

Falls du dich noch nicht traust, über das zu reden, was dir während der Geburt passiert ist, kann sich das einsam anfühlen. Diffuse Gefühle sind schwer zu übersetzen. Oft ist die Wahrnehmung deines Partners, vom Arzt und von deiner Hebamme ganz anders als deine. Dadurch zweifeln Mütter schnell an der eigenen Wahrnehmung.

Wenn plötzlich verstörende und ängstigende Gedanken hinzukommen und bleiben, ist etwas nicht in Ordnung. Das zu verbalisieren, ist oft schwierig, doch damit solltest du nicht allein bleiben, das stresst zusätzlich.

Deine Gedanken sind dunkel, die Traurigkeit nimmt dich gefangen, und dein Kopf fühlt sich an, als wäre er voll mit Watte? Panik?

Dann kommen dir vielleicht auch diese Fragen und Gedanken bekannt vor:

» Wie kann es sein, dass ich mit meinem Baby nicht glücklich bin, obwohl ich es eigentlich sein müsste, weil es ein Wunschbaby war?
» Ich bin eine undankbare Mutter. Was kann ich tun, damit alles wieder normal wird?

Du bist unzufrieden und hast keine Idee zu Hand, was du in deiner Situation tun kannst? Das hinterlässt schnell ein schlechtes Gewissen. Viele Mamas denken, sie seien keine guten Mütter und das Baby habe etwas Besseres verdient. In Problemsituationen tendieren wir schnell dazu, einen Schuldigen ausfindig zu machen. Wir Frauen glauben, dass wir nur dann richtige und gute Mütter seien, wenn wir sofort Muttergefühle empfinden und alles unter Kontrolle haben. Dadurch setzen wir uns unter Druck. Wir finden den Schuldigen schnell in uns selbst. Schließlich *müssen* Muttergefühle genetisch tief in uns verankert sein. Durch verschiedene Umstände bist du aber nun in einer absolut neuen Situation gelandet. Deine Streckenabschnitte bis hierher hatten Umleitungen und Baustellen. Du erlebst etwas, wofür dein ganzes Sein Zeit zum Verarbeiten braucht.

Wenn dir Unterstützung fehlt, schleicht sich schnell ein Gefühl der Enttäuschung ein. Wenn du das empfindest, ist die Traurigkeit nicht weit. Wie du siehst, entsteht zeitnah eine Aneinanderreihung

Plötzlich Mama

von diffusen Gefühlen. Eine Gefühlssuppe! Dieser Topf deiner Gefühlssuppe ist voller Emotionen, die deine spezielle Suppe ausmachen. Alles einzeln zu erkennen, zu verstehen, überhaupt benennen zu können, ist unmöglich. Mit diesem Anspruch setzt du dich nur unnötig unter Druck. Du kannst nichts dafür, was dir gerade passiert. Dich trifft keine Schuld. Dein Gehirn ist geprägt durch Erfahrungen deiner Vergangenheit. In jedem Menschen kochen individuelle Gefühlssuppen.

Bestimmt kennst du den Spruch: Du bist, was du isst. Drehen wir es etwas um: Du bist das Ergebnis deiner inneren Zutaten.

Also müssen die Zutaten deiner Suppe verändert werden.

Wenn dein Akku leer ist, brauchst du ein passendes Ladekabel.

Dein Energiezustand ist vergleichbar mit einer Batterie. Irgendwann ist dein Akku leer. Dann ist Stillstand. Wie willst du anderen in deinem Umfeld Energie geben und für dich sorgen, wenn dein eigenes Ladekabel, dein Energiemotor überlastet ist?

Du wirst in einem gesunden und energetisch guten Zustand gebraucht. Ich möchte dir nicht die komplette Romantik aus der ersten Zeit mit Baby nehmen oder dich verunsichern. Die Herausforderungen, die junge Mütter überwinden, sind da, und die müssen wir auch nicht schönreden.

Plötzlich Mama

Wir trauern um verpasste Geburtsmomente, arrangieren uns mit ungeplanten Geburtsverläufen, knabbern an Aussagen und der Missachtung des Begleitpersonals während der Geburt. Das Schamgefühl wird außer Acht gelassen, und die Intimität ist gestört.

Wir sollen Muttergefühle haben. Wir sind verantwortlich für eine lebenslange gute Bindung zum Kind. Der Druck in der ersten Zeit, Schäden beim Baby zu verursachen, schwebt über uns. Am besten sollen wir so funktionieren wie früher. Unser eigener Perfektionismus bedrängt uns massiv. Es ist tatsächlich, je nachdem wie wir selbst so funktionieren, eine wahnsinnig anstrengende Zeit, in der wir uns auch von der Schwangerschaft und Geburt erholen und mit Hormonen, brennenden Brüsten und schmerzenden Narben abfinden müssen.

Das ist nicht übertrieben. Die meisten Frauen bestätigen das.

Wovon ich hier rede, weiß ich aus eigener Erfahrung ziemlich genau. Obwohl wir ein Wunschbaby bekamen, waren meine Gefühle alles andere als freudig. Nach der Geburt fühlte ich mich lange erschöpft. Meine Gedanken waren durcheinander, und ich spürte richtige Angst vor dieser Belastung, die offensichtlich die nächsten Jahre jetzt so weitergehen würde. Ein Wirbelsturm fegte durch mein Leben. Dieser Sturm löste innerhalb von vierundzwanzig Stunden nach der Geburt und auch noch Monate später ein großes Durcheinander aus. Er hinterließ mich irgendwie im emotionalen Chaos.

Nach außen wirkte ich normal, für andere wie immer. In mir aber lief ein Film ab, der lange nicht zum Happy End kam.

Plötzlich Mama

Während der Recherche für dieses Buch habe ich in meinen Tagebucheinträgen folgenden Eintrag gefunden, den ich gerne mit dir teilen möchte, weil er meine damalige Lage gut beschreibt.

Tagebucheintrag: Irgendwann 2010

„Herrlich! Ruhe! Absolute Ruhe – und zwar nur für mich. Weder das Radio noch der Trockner brummen, alle anderen Familienmitglieder sind aus dem Haus und kommen für die nächsten Stunden nicht wieder. Freiheit! Keiner quengelt, und keiner will was von mir. Schade, dass sie nicht länger wegbleiben. Leider ist das schlechte Gewissen geblieben und lässt sich nur schwer vertreiben. Mein Ich ist sein eigener Feind, mein Feind. Auch nur der Gedanke daran, mich jetzt in der Weihnachtszeit mit einem guten Buch endlich einmal ins Bett zu legen, bringt den Feind schon zum Überkochen. Gedanken, die ich nicht kontrollieren kann, schießen mir in den Kopf. Muss das Brot nicht noch eingefroren werden? Geschenke müssten verpackt werden. Wollte ich nicht den Weihnachtsbaum kaufen? Du musst dich beeilen, die Überweisung muss noch vom Arzt abgeholt werden. Puh! Warum kann es mich denn nicht einfach in Ruhe lassen? Sieht es denn nicht, dass ich am Ende bin?! Am Ende mit meinen Kräften, mit meiner Geduld, mit meiner Liebe und Fürsorge, die ich geben kann, mit meinen Putzkräften? Ich bin am Ende des Jahres mit meiner Supermamahausfrauenrolle sowas von durch …! So gerne würde ich einfach mal durchatmen, nicht immer gebraucht werden und parat stehen. Ich bin Mitte dreißig, habe zwei kleine Kinder und funktioniere wie eine Taschenuhr. Ich fühle mich wie ein Stein zwischen Rädern. Immer gute Miene zum bösen Spiel, nur keine Kratzer zeigen. Langsam, aber sicher bröckelt mein Ich so dahin. Es zermalmt mich unaufhaltsam, und ich komme aus der Mühle nicht heraus."

Wenn wir uns in Lebenskrisen befinden, stecken wir auch in negativen Gefühlen. Der Gedanke, dass sich die Zukunft positiv verändern kann, ist oftmals schwierig zu fühlen und noch schwieriger zu glauben.

Hilfe suchen und annehmen

Ich erinnere mich an einen Moment, an dem ich zum ersten Mal ein professionelles Beratungsgespräch wahrnahm. Ich war in einer misslichen Lage, aber an der ganzen Situation traf mich keine Schuld. Es hatte alles nichts mit Schuld zu tun. Die Annahme dieser Botschaft ist meistens eine Erleichterung. Tief in mir ging ich damit in Resonanz. Ich spürte eine lange, holprige Wegstrecke vor mir, wusste aber, dass ich es schaffen würde, mein Leben wieder lebenswerter zu machen. Genau in dem Moment beschloss ich, ganz in mir aufzuräumen. Und ehrlich gesagt tue ich das noch immer und freue mich über diese Klarheit.

Um die Geburt und die Erfahrungen der ersten Familienjahre zu verarbeiten und zu reflektieren, brauchte ich lange. Ich musste dringend den Notfallmodus verlassen. Der größte Kampf war gegen mich. Diese Erkenntnis schockierte mich, und ich brauchte viel Zeit, um sie zu akzeptieren. Auf diesen Kampf gegen mein Teufelchen – meinen kleinen Perfektionisten – gehe ich im Laufe des Buches weiter ein.

Der Perfektionismus begleitet uns wie ein roter Faden durch das Leben und diesen Ratgeber. Sicherlich ist dir das bekannt, und du hast ebenfalls schon Bekanntschaft mit deinem Perfektionismus gemacht.

Plötzlich Mama

Es mag sich verrückt anhören: Heute bin ich froh, dass ich diese Erfahrungen nach der Geburt machen durfte.

Durch den Weg, den ich gegangen bin, habe ich eine Menge über mich lernen können. Das war nicht leicht. Jede von uns weiß, dass es unangenehm ist, sich mit dem Schmerz auseinanderzusetzen. Du schaust so tief in ihn, und dabei wird erneut gefühlt. So kann dir kurzzeitig einiges um die Ohren fliegen. Da rappelt es zusätzlich zu allen anderen Dingen mächtig im Karton. Ziemlich anstrengend und kräftezehrend. Aber irgendwann müssen die Dinge in Ordnung gebracht werden. Das mag sich nun hart anhören, doch da gibt's wenig andere Wege. In meinen Augen ist Verdrängung die schlechtere Alternative. Die Schubladen in unseren inneren Kellern oder die Truhen auf unseren imaginären Speichern sind oftmals schon gut gefüllt.

Du hast auch den Mut gefasst hast, neue Wege zu gehen. Verbinde dich mit anderen Frauen, nutze die Kraft der Gemeinschaft.

Das bestärkt dich.

Der Druck und die Erwartungshaltungen aus dem Umfeld sind hoch. Lasse uns Geschichten teilen und uns gegenseitig unterstützen. Wir müssen selbst bestimmen, wie wir gebären wollen, und darüber reden.

Nach traumatischen Geburten ist es wichtig, sich behutsam mit diesem Thema auseinanderzusetzen. Das Erlebte sollte zeitnah in das neue Leben integriert werden.

Plötzlich Mama

Seit vielen Jahren arbeite ich mit jungen Müttern zusammen, die von ihren Erfahrungen einer Geburt überrollt, überfordert oder einfach überrascht wurden. Die meisten Mütter – wie auch ich damals – waren nicht darauf vorbereitet, was passieren kann, nachdem das Baby geboren ist, oder wie es das Licht der Welt erblicken wird.

Zum Zeitpunkt der Entstehung dieses Buches bin ich seit sechzehn Jahren Mutter. Ich schöpfe aus einem Erfahrungsschatz meiner Klientinnen und aus meinen eigenen Wegen und Irrwegen. Ich kann mit Gewissheit sagen: So viel *Trial and Error* wie auf meiner Reise von einer Frau zur Mutter habe ich vorher nicht erlebt. In Einzelcoachings und auch durch die Rückmeldungen zu meinem Onlinekurs *MamasNest* habe ich viele Frauen kennenlernen dürfen, die ähnliche Erfahrungen gemacht haben. Wir Mütter haben so viel gemeinsam. Besonders, wenn wir gerade entbunden haben. Diese Gemeinsamkeiten können zusammenschweißen. Doch wir dürfen nicht außer Acht lassen, dass wir auch genauso unterschiedlich sind. Wir unterscheiden uns durch unsere Entwicklung, unsere Sozialisation und alle erdenklichen Erfahrungen, die uns geprägt haben und die uns wirklich *einzigartig* machen. Es gibt tausende Ratschläge, doch du musst deinen finden.

Du bist *du*, und *du* bist gut so, wie *du* bist.

Das ist ein entscheidender Grund, warum nicht alle Methoden, Strategien und Lösungen von der Stange dir behilflich sind. Das gilt auch für Lösungsmöglichkeiten, die ich dir in diesem Buch anbiete. Du solltest sie an dein Leben anpassen, sie zurechtschleifen und dein persönliches Feintuning einbringen.

Plötzlich Mama

Wachstumsphasen bieten unglaubliche Gelegenheiten der Entdeckung und Entfaltung und ebenso viele schmerzhafte Erkenntnisse und Rückschläge. Doch das eine funktioniert nicht ohne das andere. Der Weg aus der Komfortzone, aus einer Rolle, die erweitert werden will, geht nicht so seicht daher, wie uns das gerne vermittelt wird.

Beim Muttersein zählt nicht so sehr das, was wir tun, sondern vielmehr, wer wir sind.

Wenn eine Frau zur Mutter wird, geht sie ihren eigenen Weg. Doch dieser Weg ist nicht einfach zu erkennen. Wir haben keine Anleitung für unser Baby bekommen. In unserer eigenen Anleitung haben wir auch schon länger nicht mehr geblättert. Vielleicht hatten wir bisher auch noch keine Notwendigkeit, uns überhaupt näher damit zu beschäftigen, wie wir selbst funktionieren.

Was sind eigentlich unsere Überlebensstrategien, welche Alltagsmethoden wenden wir an? Wie beeinflussen unsere Glaubenssätze die eigene Psyche und unsere Entscheidungen?

Wenn du keine anderen Mütter in deinem Umfeld zum Austausch hast, fehlt dir auch das Feedback.

Die Begegnung mit meinem Schatten und den Anteilen des inneren Kindes traf mich unvorbereitet. Genau an dem Punkt möchte ich dich unterstützen. Diese Begegnungen mit den verborgenen Teilen des eigenen Ichs liegen in der Natur der Mutterschaft und wollen in Ruhe und mit Liebe betrachtet werden. Ich möchte dir helfen, deine eigene Stimme erklingen zu lassen, sie wahrzunehmen und ihr zu folgen.

Die Sprengung meiner Komfortzone ließ mich wachsen. Das passiert bis heute. Ich lerne, Situationen anzunehmen, und bitte um Hilfe, wenn es mir zu viel wird. Ich erlaube mir den Gedanken und gestehe mir ein, wenn es nicht mehr geht.

Mittlerweile lebe ich mein Leben so, wie es gesund für mich, meine Psyche und somit für meine Familie ist. Rückblickend begrüße ich die Entwicklung und bin unendlich dankbar für die Erweiterung meines Bewusstseins und meines Erfahrungsschatzes.

Mit den Jahren lernte ich, auf mich zu achten, mir zu vertrauen. Ich akzeptierte, dass die Veränderungen in der Welt, die ich mir wünsche, mit mir selbst beginnen dürfen. Lange Zeit erkannte ich das nicht.

Auf diesem Weg traf ich andere Frauen. Ich unterstützte und beriet sie, wie sie das bei mir auch taten. Wir sind alle gewachsen!

Was mein Buch für dich tun kann

Wenn du in einer ähnlichen Situation bist, stelle dir dieses Buch als Hilfe für eine detailliertere Routenplanung vor. Lasse dich leiten, egal auf welchem Streckenabschnitt deiner Familienreise du dich befindest.

Plötzlich Mama

In jedem Fall erlebst du eine aktive Phase einer rasanten Persönlichkeitsentwicklung. Durch deine Rolle als Mutter wirst du mit Dingen konfrontiert, die dich an deine Grenzen bringen. Themen, die deine ganze Aufmerksamkeit und Kraft benötigen. Ein kleiner Mensch wächst ebenfalls mit dir. Viele deiner Anteile sind aktiv, und neue kommen hinzu. Unterschiedliche Rollen mit ihren Anforderungen wollen jetzt von dir übernommen werden. Mit der Zeit wirst du dich mit ihnen arrangieren. Im ersten Familienjahr wirst du wohl die meisten und turbulentesten Veränderungen erleben. Verschaffe dir einen Überblick über deine Situation. Dann folgen sinnvolle Schritte vorwärts. Um dich besser zu verstehen, nutzt du Strategien aus diesem Buch.

Dieser Prozess, die Verwandlung zur Mutter, findet erst im Inneren statt.

Wir alle wachsen an unseren Aufgaben, und du wirst das auch. Du wirst dein Muttersein als große Chance entdecken, dich für diese innere Verwandlung und auch Verwirklichung zu öffnen. Gemeinsam oder auch allein bist du eingeladen, diese Reise zu den tieferen Bereichen deiner Seele zu unternehmen und sie für dich zu erkunden und zu entdecken.

Wenn du das Buch liest, sei offen und fühle, womit du in Resonanz gehst. Du merkst sofort, was dich anspricht und was dir eine erweiterte Sichtweise oder einen neuen Gedankengang schenkt. Darin liegt dann dein Weg. Finde Möglichkeiten zur Umsetzung und entdecke,

 *Plötzlich Mama*

wie du dich und dadurch auch dein Umfeld veränderst. Das basiert alles auf den Gesetzen der Resonanz. Du wirst die Belohnung deines Einsatzes bald sehen und stolz auf dich sein. Du wirst dich durch einen Dschungel gekämpft haben.

 Plötzlich Mama

Mama sein – und wo bleibst du?

Mama sein – und wo bleibst du?

Wie du die Schlüssel für ein Gefühl der Sicherheit und Geborgenheit in dir selbst wieder nutzt

Von der Frau zur Mutter

Ist es heute schwieriger, Mutter zu sein?

In den Tagen, Wochen oder Monaten nach der Geburt widmest du dich ausschließlich deinen Aufgaben. Dein neuer 24-Stunden-Job kostet Energie und Zeit. Es ist normal, dass sich ein spezieller Gedanke bei dir bemerkbar macht und du dich fragst: Wo bleibe ich hier eigentlich?

Vielleicht ist der Dialog mit deinen inneren Anteilen auch noch ausführlicher. Diese Stimmen in dir quatschen einfach. Manchmal quatschen sie permanent, und das kann ziemlichen Stress in dir auslösen. Unterschiedlichste Gedanken kommen auf den Tisch. Du kannst dich

Mama sein – und wo bleibst du?

einsam fühlen, keiner kümmert sich um dich. Du fühlst dich verloren und bist weit weg von der Person, die du vor der Geburt warst. Du hörst das jetzt vielleicht zum ersten Mal, aber das sind alles völlig bekannte und normale Gedanken. So geht's jeder Mama mit ihrem ersten Baby.

Das Neue kommt und nimmt anfangs viel Platz in deinem Leben ein. Deine Frage ist berechtigt, und du musst dich nicht schämen.

Mama werden und Mama sein wird von uns unterschiedlich wahrgenommen und empfunden. Dies ist der Grund, warum es beim Mamasein kein Richtig oder Falsch gibt. Leider wird das zu oft suggeriert. Hierbei gibt es nur deine eigenen, individuellen Wahrnehmungen, deine Erfahrungen und schlussendlich deine Entscheidung, wie du damit umgehst.

Psychische Belastungen in der Schwangerschaft und Mutterschaft sind vulnerable Themen. Für dich und für die Gesellschaft. Leider fehlt immer noch, auch unter uns Müttern, die Sensibilisierung für diese Themen.

Mein innerer Kompass war gestört.

Beim ersten Baby fühlte ich mich Wochen bis hin zu Monaten nach der Geburt desorientiert. Ähnlich wie in einer Parallelwelt. Nach außen wirkte ich gleich. Mein Inneres jedoch fühlte sich, wie nach einem Tornado, verwüstet und zerrissen an. Wunden nach der Geburt an meinem Körper wurden von mir gepflegt. Ich hatte Anleitungen, wie ich diese behandeln konnte. Für wunde Brustwarzen und Narben fand ich unzählige Tipps im Internet. Diese Wunden habe ich sehen

Mama sein – und wo bleibst du?

können. Sie waren ganz offensichtlich da, haben geschmerzt.

Rückblickend trug ich aber auch innere, seelische Wunden mit mir. Traumawunden, die ich damals noch nicht wahrnehmen konnte als das, was sie waren. Es hat Monate gedauert, bis diese Diffusität in mir, meine Seelenqualen, meine Panikattacken, meine emotionale Überforderung immer mehr an meine Oberfläche kamen und sichtbarer bzw. für mich greifbarer wurden.

Allerdings nicht als endlich eintretende, erkenntnisreiche Aha-Momente, nicht als Momente der Offenbarung. Eher mit dem Gedanken: „Jetzt biste irre, Kristina! Jeder, der Psychologie studiert, braucht 'nen Psychologen. Bravo, wenigstens der Running Gag aus meinem Studium hat sich bewahrheitet."

Meine Seele wurde umgegraben, offengelegt, weich und verletzlich. Eigentlich war ich selbst eine große Wunde, die völlig intakt aussah. Und währenddessen ist irgendwie meine Schutzmauer gebrochen. Worte und Blicke gingen direkt, ungeschützt, ungefiltert in mein Innerstes. In mir musste irgendwo ein Schalter umgelegt worden sein. Nichts war und erschien so wie vor der Geburt meines Kindes. Ich vergleiche mich zum damaligen Zeitpunkt gerne mit einem Schwamm. Alles, was an Emotionen im Raum war, habe ich aufgesaugt und konnte es nicht schnell wieder abgeben. Ich war ein Emotionsmagnet. Bei Filmen weinte ich wie ein Schlosshund und reagierte empfindlich auf die Tagesnachrichten. Wenn ich damals eine Wunde nicht pflegen konnte, war es meine Seele.

Mama sein – und wo bleibst du?

Diesem neuen und enormen Verlangen nach mir, nach Nähe, Präsenz, Zuwendung, Liebe und Geduld, war ich so spontan und unvorbereitet nicht gewachsen.

Mein Ich, meine gesamte Kraft, Energie und mein Einfühlungsvermögen wurden schlagartig so sehr strapaziert. Das hatte ich bis dahin noch nicht erfahren und fühlte mich wie ein Gummiband vor dem Zerreißen. Kennst du die Risse, die ein Gummiband bekommt, wenn es lange gedehnt wurde? Ich hatte Angst, die würden nie mehr von mir weggehen.

Hier und jetzt wird die Komfortzone gesprengt. Mein persönlicher emotionaler Raum wurde vollständig besetzt. Ich hatte das Gefühl, als Individuum von Tag zu Tag weniger zu werden. Erschrecken und Furcht vor meinen eigenen Gefühlen, Reaktionen und Gedanken daraus waren die Folge. Etwas Unbekanntes war neben dem Baby in mir erwacht. Das machte mir höllische Angst!

Ich fühlte Angst und versuchte, sie auszublenden. Ich wollte keine Angst fühlen. Wer will Angst, wenn einem Glitzer und rosarote Wolken verkauft werden?

Es kostet Energie, etwas wegzudrücken, was bearbeitet und als Thema angesehen werden will.

Emotional ist dein Kind ein Teil von dir. Ohne dich kann es nicht überleben. Dieses Gefühl darf dich überfordern. Mich hat das brutal überfordert.

Mama sein – und wo bleibst du?

Mit deinem Baby bildest du eine Einheit. Auch wenn du diese Einheit anfangs nicht direkt wahrnehmen kannst. Oft wird diese Einheit sehr genossen, wenn das Baby noch im Bauch ist. Nach der Geburt kann es sich für dich aber auch anfühlen, als wenn dein Baby plötzlich ein Störfaktor in deinem Leben ist. Das ist beunruhigend, aber ihr bildet trotzdem eine Einheit.

Deshalb muss sich dein Ich zurückziehen, um in den Hintergrund zu rücken. Auch wenn du denkst, du verlierst dich, denke daran, dass dein Ich gerade eine wichtige Zeit durchmacht. Es transformiert sich, damit es sich an die neuen Umstände anpassen kann.

Je mehr Autonomie dein Baby gewinnt, je mehr Unterstützung du erfährst, desto mehr Platz wird es wieder für dich geben.

Ich möchte dir ein Bild mitgeben, um das zu verdeutlichen: Vielleicht habt ihr bei der Einrichtung des Kinderzimmers einen Raum eingerichtet, der vorher andere Verwendung fand? Möbel wurden getauscht, Deko wurde verändert. Ihr lagert vielleicht einiges auf dem Dachboden, bis sich die Zeiten wieder ändern und das Möbelstück dann wieder gebraucht wird. Es rückt jetzt in den Hintergrund, macht Platz für Neues. Du kennst das bestimmt: Auch an eine Umgestaltung muss man sich anfangs gewöhnen.

Habe keine Angst: Alles findet mit der Zeit seinen Platz.

Mama sein – und wo bleibst du?

Finde die Antworten zu den folgenden Fragen:

» Was kann die Angst mit mir machen?

_____
_____
_____
_____
_____

» Was ist das Schlimmste, was jetzt passieren kann?

_____
_____
_____
_____
_____

» Wo fühle ich die Angst im Körper?

_____
_____
_____
_____
_____

Mama sein – und wo bleibst du?

» Ist es nicht auch okay, Angst zu fühlen?

_____
_____
_____
_____

» Wenn Angst unsere Freundin wäre, würde sie uns schützen wollen. Wovor möchte dich deine Angst warnen/schützen?

_____
_____
_____
_____

» Was kannst du heute schon anders machen?

_____
_____
_____
_____

Mama sein – und wo bleibst du?

Du bist nicht allein. Hunderte von Frauen empfinden nach einer Geburt wie du. Also: Weg mit hohen Erwartungen!

Wir brauchen Übergangszeiten, die uns Anpassung ermöglichen.

Ich war es gewohnt, mein Leben selbstständig zu leben. Daher hatte ich für diese neue Situation nicht vorgesorgt und keine entsprechende Hilfe im Vorfeld organisiert. Ich hatte zwar nicht gedacht, dass ich Supermama bin, doch ich bekam, was Tagesmanagement anging, anfangs nicht wirklich etwas auf die Kette. Ich hatte zu viele Erwartungen an mich und erfüllte natürlich wenige. Das hat mein Ego genervt und mich auch. Die Ergebnisse dieses Stresses waren Überforderung und Angst.

Die anfängliche Zeit mit meinem Sohn habe ich als konfuse Zeit erlebt. Wirre Gedanken wechselten sich ständig mit ambivalenten Gefühlen in meinem Kopf ab. Doch statt mich diesen hinzugeben, mich mit ihnen auseinanderzusetzen und mich ihnen zu stellen, versuchte ich krampfhaft, mein „altes Ich" zu bewahren.

Ich führte ständig einen Kampf, von dem ich nicht wirklich wusste, gegen wen oder was dieser eigentlich war.

Als Mütter brauchen wir eine verlängerte Regenerationszeit über das Wochenbett hinaus.

Mama sein – und wo bleibst du?

Wir benötigen mehr Unterstützung bei Belastungen, um uns bei Erschöpfungszuständen selbst zu helfen. Wir brauchen Zeit, um verstehen zu können, was sich in uns verwandelt. Wir müssen uns auch *selbst* akzeptieren.

Klingt das etwas unbefriedigend für dich? An dieser Stelle möchte ich dir einfach nur sagen:

Alles, was du für diese Entwicklung brauchst, hast du schon. Es ist schon in dir angelegt. Sei einfach ein bisschen gnädiger zu dir selbst. Das liest sich leicht, ich weiß! Werde dir über den Druck bewusst, den du dir dadurch selbst machst. Es gibt eine Kraft, die dich führen wird. Vertraue darauf!

Wie finden wir einen natürlichen Zugang zum Muttersein, wie es alle Lebewesen auf der Welt tun? Eigentlich ist doch alles von der Natur aus angelegt? Mein Körper wird schon wissen, was er zu tun hat?! Doch so selbstverständlich, wie alles zu sein hat, funktioniert es oft nicht. Ich empfand das Muttersein als schwierig und manchmal unerträglich. Die Frauen aus meiner Familie waren mir tatsächlich keine große Hilfe, als es darum ging, wie ich mich emotional und seelisch in die Mutterrolle einfinden könnte. Manchmal waren ihre Ratschläge sogar hinderlich. Damit haben sie, wenn auch unwissentlich und ohne böse Absicht, gegen meine innere Stimme gearbeitet und diese blockiert.

Weg mit hohen Erwartungen!

Mama sein – und wo bleibst du?

Wir Mütter leben in einer männlich dominierten Wertegesellschaft. Statt unserer weiblichen Intuition zu folgen, schenken wir lieber harten Vorgaben, Erwartungen und Fakten unser Vertrauen. Nur Informationen, die mit nackten Zahlen belegt sind, halten wir für seriös. Emotionale Sensibilität hingegen bewerten wir als Schwäche. Wir glauben nur, was wir sehen! Wir tun uns schwer mit Gefühlen und Empfindungen, die wir nicht in Worte fassen können.

Reicht uns unsere weibliche Intuition nicht mehr als Wegweiser und innerer Kompass aus? Warten wir darauf, dass uns andere sagen, was zu tun ist?

Tatsache ist, dass unsere Kinder zu uns kommen, sie spiegeln uns perfekt. Ich bin der festen Überzeugung, dass wir alle Seelenplänen folgen. Vor einer Inkarnation haben wir ausgewählt, in welcher Konstellation wir uns (wieder)treffen. Diese Überzeugung muss überhaupt nicht in dein Weltbild passen, doch Fakt ist: Keiner wird dich mehr triggern können als dein Kind.

Unsere Kinder zeigen uns unsere Wunden, damit wir den Mut finden und Grenzen überschreiten. Diese Wandlung geschieht erst im Inneren. Und ob du es glaubst oder nicht: Dein Kind ist dein engster Verbündeter.

Dein Kind spiegelt dir durch sein Verhalten deine unbewussten Aspekte, deine Wunden. Es zeigt dir deine Grenzen auf, damit du sie instinktiv und mit Vertrauen in dich selbst eines Tages überwinden kannst.

Mama sein – und wo bleibst du?

Vertraue auf deine Instinkte!

„Viele Mütter haben Angst, sich dem Unbekannten so zu öffnen, wie es für eine Veränderung vom Unbewussten zum bewussten Vorgehen nötig ist. Dieser Weg ist nichts für Kleinmütige, sondern für mutige Seelen, die mit ihren Kindern eine enge Verbindung erleben möchten." (Tsabary, 2015)

- Wage ich es, gegen den Strom zu schwimmen und dem inneren Leben mehr Wert beizumessen als dem, was andere sagen?
- Wie will ich als Mutter sein?
- Was sind meine Fähigkeiten?
- Was ist mein Fundament? Kenntnisse, Eigenschaften, Zertifikate, Werte …
- Erziehe und leite ich an, wie ich erzogen und angeleitet wurde?
- Wo habe ich eigene, neue Erziehungsmethoden?
- Wie kann ich meinen eigenen persönlichen Erziehungsstil entwickeln bzw. meinen aktuellen hinterfragen?
- Welche Bedürfnisse habe ich?

Hinterfrage deinen eigenen persönlichen Stil und entwickele ihn, angepasst an deine Bedürfnisse.

Wenn du dich traust, deinen Stil zu leben, dann ist es am einfachsten, deine Identität zu wahren und zu leben.

Mama sein – und wo bleibst du?

Du bist eine gute Mutter, wenn du für deine Heilung sorgen kannst und dir immer wieder Pausen vom Alltag ermöglichst. Du darfst deine Erholungszeiten einfordern und einhalten. Auch du musst dich ernst nehmen! Du benötigst Ruhe für dein Nervensystem, Trost, Halt und Schlaf und nicht lauter neue Anforderungen und Herausforderungen. Auch wenn der Alltag äußerst stressig und wuselig ist, musst du trotzdem, so gut es geht, auch für deine Ruhezeiten sorgen. Siehe dich in deinem Helfernetzwerk um.

Mama sein – und wo bleibst du?

In Umsetzungsphasen schaue dir die Impulse und Aufgaben in diesem Buch an.

Folgende Buchinhalte sind unter diesem Link für dich abrufbar:
www.https://mamasnest.online/buch-extras/

Besetze die Stühle mit Menschen, die dich nach einer Geburt in einer schwierigen und anstrengenden Phase unterstützen können. Wen lässt du an deinen Tisch? Von wem könntest du Hilfe annehmen? Welche Art von Hilfe würde dir **wirklich** helfen?

Diese Kopiervorlage soll dir beim Visualisieren helfen. Stelle dir vor, alle Stühle würden wirklich nur mit Menschen besetzt, die dir/euch jetzt gerade guttun.

 *Mama sein – und wo bleibst du?*

Chaos in Kopf und Körper

Chaos in Kopf und Körper

Wenn dein Körper und die Gefühle Achterbahn fahren

Unsere Gesellschaft will uns stets glauben machen, dass das Muttersein vorwiegend Freude und Glück in sich birgt.

Doch wenn dein Körper und deine Gefühle Achterbahn fahren, ist der Zeitpunkt erreicht, die Psyche in den Mittelpunkt zu stellen. Das bedeutet für dich: Jetzt geht es auf Entdeckungsreise, um einen Einblick in deine Gefühle, Gedanken und das dortige Chaos zu gewinnen.

Diese einschneidenden Veränderungen sind für Mamas eine schwierige Sache. Die Ereignisse der letzten Wochen überschlagen sich. Du erlebst Gefühle, die in diesem ersehnten Lebensabschnitt nicht das erwartete Glück mit sich bringen.

Die Geburt deines Kindes ist bewegend, und die ersten Wochen mit Baby sind unbeschreiblich! Unbeschreiblich, weil ein Tornado

Chaos in Kopf und Körper

an Erfahrungen praktisch über Nacht in deinem Leben ein riesiges Tohuwabohu hinterlassen hat.

Ich finde, da darf frau auch ein wenig „ver-rückt" sein.

Alles kommt anders als erwartet, und es ist herausfordernd, die Dinge so anzunehmen, wie sie sich gerade zeigen. Dass es anderen Müttern genauso geht, ändert zwar nichts an deiner Situation, aber es beruhigt.

Erst das Bewusstsein und das Verständnis der eigenen persönlichen Wahrheit ordnet die innere Verwirrung. Diese Erkenntnis ist heilsam für dich, gut für dein neugeborenes Kind und auch für deine Partnerschaft.

Das Leben ist einfach zu turbulent, als dass wir alle Themen zeitgleich angehen könnten. Besonders in der Familienphase stehen einige Dinge auf unseren To-do-Listen, die massiv anstrengend sind (Umzug, Hauskauf, Wohnungssanierung, eine andere Kultur, wenn du im Ausland lebst, etc.).

Überall entstehen neue Eindrücke.

Wir sind es gewohnt, in Schwarz-Weiß-Mustern zu denken. Das heißt, wir reflektieren nicht permanent unser Tun und Handeln. Es ist einfacher, Schubladen zu öffnen und zu schließen. Diese Denkmuster sind uns bekannt, und wir fühlen uns sicher und wohl damit, obwohl sie nicht immer für unsere neue Situation hilfreich sind.

Mir persönlich ist es schwergefallen, die neuen Umstände und Heraus-

Chaos in Kopf und Körper

forderungen, die das Mutterwerden und Muttersein mit sich brachte, anzunehmen. Ich hatte ja meine Erwartungen und Vorstellungen an meine neue Rolle schon im Kopf.

Natürlich wurde ich enttäuscht, denn die Realität und der Alltag sahen bei uns ganz anders aus. Meine hochgesteckten Ziele und meine Wunschvorstellungen hatten nichts mit der Realität zu tun. Das überforderte mich und überstieg meine Kräfte.

Kommt dir das bekannt vor? Geht es dir ähnlich?

Für diese neue Lebenssituation brauchst du einen Menschen, an den du dich anlehnen und dem du vertrauen kannst.

Neue und tiefgehende Gefühle können Furcht auslösen. Es ist normal, wenn du nicht sofort weißt, wie du damit umgehen sollst. Aber es stresst eben und ist anstrengend. Du kannst dich nur langsam an die neuen Herausforderungen herantasten.

Dein Herz hat das Recht zu wachsen.

Dein Herz dehnt sich aus, kann mehr aufnehmen, fühlen und erfahren.

Alles ist am Anfang neu und unbekannt. Es gibt viele beunruhigende Situationen, in denen du nicht weißt, was du tun kannst. Viele Dinge erscheinen dann als extrem aufregend und verunsichernd. Das sind verwirrende Prozesse.

Chaos in Kopf und Körper

Wenn du deine eigene Gefühlswelt verstehst, entspringen daraus heilsame Kräfte für dich. Im Erforschermodus setzt du dich damit auseinander, um diese heilsamen Kräfte zu festigen. Du darfst akzeptieren, wer du bist. Du machst dir bewusst, was zu dir gehört und was nichts mit dir zu tun hat. Öffne dich deiner inneren Stimme.

Wenn du erkennst und begreifst, woher deine Gefühle kommen, ergibt alles mehr Sinn und ist veränderbar. Gelingt dir dies, kannst du frei von unnötigen Ängsten dein Leben und deinen Alltag bewältigen.

Entdecke deine innere Stimme.

Gefühle und Gedanken hängen miteinander zusammen. Gefühle entstehen durch Gedanken, und davon hast du täglich tausende. Es ist unmöglich, alle zu kontrollieren. Daher ist dein Bauchgefühl außerordentlich wichtig.

Da jetzt klar ist, dass deine Gedanken Einfluss auf deine Gefühle haben, wirst du deine Gedanken aktiv verändern.

Die Abbildung „ABC der Gefühle" soll dir noch mal zeigen, wie Gedanken Einfluss auf deine Gefühle nehmen.

Chaos in Kopf und Körper

ABC der Gefühle

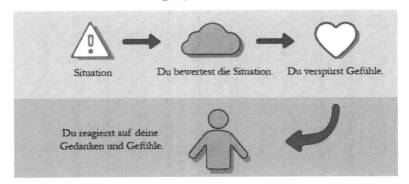

A: Du hast etwas wahrgenommen. Du hast etwas gesehen, gehört oder dich an etwas erinnert.

B: Du hast deine Wahrnehmung mehr oder weniger bewusst als relativ positiv, relativ neutral oder relativ negativ bewertet, und die Folgen davon sind:

C: Du bist traurig, verärgert, ängstlich, ruhig und froh und handelst dementsprechend.

Ein Gefühl besteht also in Wirklichkeit aus drei Teilen:

A: aus der Situation
B: aus deinen bewerteten Gefühlen in der Situation
C: aus deinem Gefühl und Handeln

Jeder Mensch ruft seine Gefühle selbst hervor, auch wenn wir das nicht immer wahrhaben wollen.

Chaos in Kopf und Körper

Deine Emotionen kommen aus deinem Unterbewusstsein. Die kannst du nicht steuern. Damit du dich deinen Gefühlen nicht ausgeliefert fühlst oder handlungsunfähig wirst, musst du sie jedoch wahrnehmen. Deine Gefühle und Gedanken sollen dich nicht den Tag über bestimmen! Dann würdest du „gedacht", und damit bist du ziemlich passiv unterwegs und kannst nicht wirklich selbst bestimmen.

4 „Gefühlfakten"

1. Gefühle entstehen also durch Gedanken, mit denen wir eine Situation deuten. Dies geschieht in der Regel blitzschnell und bleibt daher meist unbewusst.
2. Gefühle entstehen in einer Situation durch Bedürfnisse, die sich erfüllen oder auch nicht.
3. Gefühle entstehen nur in dir selbst und werden nie von außen hervorgerufen.
4. Gefühle kannst du im Körper wahrnehmen. Gefühle wirken auf den Körper.

Wir können negative Gefühle dadurch ändern, dass wir lernen, anders zu denken. Fange an, den Weg des Gefühls gedanklich aufzudröseln. Hinterfrage dich selbst genauer. Verfolge das Gefühl zurück.

Welcher Gedanke kann es gewesen sein?
Wie hast du den Gedanken dann empfunden?

Jeder von uns hat eine innere Stimme, die Intuition oder auch Bauchgefühl genannt. Ist es im Außen sehr wuselig und laut, ist die innere Stimme

Chaos in Kopf und Körper

nicht gut zu hören oder spüren. Wenn du gut mit dir selbst verbunden bist, hast du einen starken Gegenpol zum stressigen Alltag erschaffen. Du bist präsenter im Hier und Jetzt. Durch das Hinterfragen deiner eigenen Reaktionen durchblickst du dich einfach selbst besser. Du wirst kraftvoller, denn deine Gedanken haben nicht mehr die alleinige Kontrolle über dich. Du wirst handlungsaktiver, kannst aktiv entscheiden, ob dir der Gedanke gut tut. Du hast die Möglichkeit zu entscheiden, ob du dich jetzt den ganzen Tag von einem Gefühl „weitertragen lassen möchtest" oder ob du lieber selbst bestimmst, was du stattdessen fühlen möchtest.

Wo andere Mamas schon überall ihre innere Stimme getroffen haben:

» beim Spazierengehen, besonders in der Natur
» beim Sport oder Tanzen
» beim Meditieren
» in der Wanne
» beim Dösen auf der Couch
» beim offenen Gespräch mit Freund oder Freundin
» bei der Gartenarbeit
» bei einem leckeren Cappuccino und ein paar Stunden Pause
» und, da nicht jede stillen kann oder möchte, vielleicht auch bei einem Aperol ☺

Ich denke, du hast da für dich schon eine ganz gute Idee, wo du deine innere Stimme treffen kannst.

Dann lässt du dich von deiner inneren Stimme leiten. Natürlich ist das anfangs ungewohnt. Genau so aber richtest du deinen Kompass

Chaos in Kopf und Körper

neu aus. Taste dich einfach langsam heran und suche dir immer mal einzelne Tage aus, an denen du die Stimme in dir suchst. Das kostet anfangs etwas Zeit und organisatorisches Geschick, denn wir brauchen ja auch etwas Ruhe, um hinzuhören.

Gedanken- und Gefühlswegweiser

Diese kurze Zusammenfassung zeigt dir noch einmal, wie Gefühle und Gedanken zusammenhängen, sich beeinflussen und was du dagegen tun kannst.

Deine Gedanken und Gefühle rufen sofort eine körperliche und chemische Reaktion in dir hervor. Wenn du danach noch ein negatives Gefühl entwickelst, kann die chemische Reaktion in deinem Körper dein Verhalten nachhaltig beeinflussen.

In jedem Gefühl steckt eine Botschaft. Manchmal fühlt es sich an, als wärst du in einem Gefühl gefangen und findest nicht heraus. Versuche, auf deine Intuition zu hören. Gibt es vielleicht bessere oder positivere Gedanken, die du auch denken könntest?

Um deine Gefühle besser kontrollieren zu können und wieder in eine bessere, positivere Verfassung zu kommen, kannst du die Methode *Abändern. Vermeiden. Akzeptieren* verwenden. Wenn so eine Situation wieder eintritt, stelle dir folgende Fragen:

Kann ich die Situation abändern?

Kann ich sie zukünftig vermeiden?

Muss ich akzeptieren, dass ich die Situation nicht verändern kann, und stattdessen meine Reaktion darauf verändern?

Chaos in Kopf und Körper

What consumes your mind, controls your life.

In Umsetzungsphasen schaue dir diese Impulse und Aufgaben an:

Schicke deine Gedanken durch folgende Fragetechnik:

- » Tut mir der Gedanke gut?
- » Stärkt mich dieser Gedanke?
- » Macht mich dieser Gedanke handlungsfähig?
- » Macht mich dieser Gedanke glücklich?
- » Gibt mir dieser Gedanke den Impuls, mit Zuversicht an mir zu arbeiten oder eine Situation tatkräftig zu verändern?

Emotionstagebuch

Emotionen gleichen in gewisser Hinsicht Phänomenen wie Hunger und Stress: Sie machen uns klar, was wir brauchen. Es ist sehr wichtig für uns, herauszufinden, welche Gefühle da sind und in welchem Spektrum sich diese bewegen. Bitte versuche, im Laufe der kommenden Wochen auf deine Emotionen zu achten und sie in diesem Emotionstagebuch zu notieren. Du kannst dir auch Kopien davon erstellen, um dich selbst über einen längeren Zeitraum zu begleiten.

Chaos in Kopf und Körper

Art der Emotion	Montag	Dienstag	Mittwoch
glücklich			
aufgeregt			
liebend			
geliebt			
mitfühlend			
dankbar			
stolz			
selbstsicher			
verletzt			
traurig			
gereizt			
wütend			
verärgert			
angeekelt			
verächtlich			
beschämt			
schuldig			
eifersüchtig			
neidisch			
ängstlich			
besorgt			
andere			

Chaos in Kopf und Körper

Donnerstag	Freitag	Samstag	Sonntag

Chaos in Kopf und Körper

Der *Volksmund* weiß, wie *Organe* sprechen

Psychische Fehlbelastung

jemandem die Stirn bieten
etwas nicht mehr sehen können
die Nase voll haben
verbissen sein

sich den Kopf zerbrechen
viel um die Ohren haben
die Stimme verschlagen

herzzerreißend
im Magen liegen

Die Luft bleibt weg.
Rückgrat zeigen

Die Galle läuft über.
sich gelb und grün ärgern

an die Niere gehen
nicht zu Potte kommen

unter die Haut gehen
Gänsehaut bekommen

weiche Knie bekommen

Blues nach der Geburt

Blues nach der Geburt

Warum es in Ordnung ist, traurig zu sein

Jede Geburt ist einzigartig.

Wir leben heute in einer Zeit, in der das „Erlebnis Geburt" mit zahlreichen und unterschiedlichsten Erwartungen verbunden ist.

In vielen Bereichen wie Alltag und Job haben wir ebenfalls Erwartungen. Daher planen wir diesen Bereich unseres Lebens genau. Wir haben die Erfahrung gemacht, dass eine gründliche Vorbereitung oft eine Garantie für ein erfolgreiches Gelingen ist. Mit dem Tag der Geburt unseres Kindes betreten wir jedoch ein neues Terrain. Dieser Moment ist nicht wirklich planbar, da wir keine genaue Vorstellung haben, was jetzt auf uns zukommt. Daher müssen wir eingeübte Kontrollmechanismen zwangsläufig aufgeben. In uns Frauen beginnt eine wahre Urkraft zu wirken. Sie erweitert unsere Erfahrungen.

Blues nach der Geburt

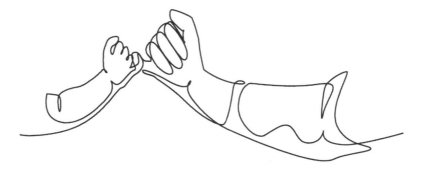

Geburtserlebnisse

Das Nachbesprechen der Geburt deines Kindes ist wichtig, auch im Hinblick auf eine weitere Schwangerschaft.

Mache dich in Ruhe mit dem Thema vertraut und fühle dem nach, womit du in Resonanz gehst. Wenn du auch nach Monaten noch unter den Eindrücken leidest und von Erinnerungen überflutet wirst, hilft dir eine professionelle Traumatherapie weiter.

Eine Geburt ist für beide Elternteile eine tiefgreifende Erfahrung.

Die Eindrücke dieses Ereignisses sind derart gewaltig, dass du in einen Strudel von Emotionen mitgerissen wirst. So stark, dass selbst dein eigenes Geburtserlebnis wieder in dein Bewusstsein treten kann, denn es ist als prägendes Ereignis in deinem Zellgedächtnis abgespeichert.

Deshalb kann eine Geburt, die für Außenstehende einen natürlichen und normalen Verlauf hatte, für dich persönlich im Nachhinein als verstörend und als große seelische und körperliche Belastung emp-

Blues nach der Geburt

funden werden. Frauen, die ihr erstes Kind gebären, folglich keinerlei Erfahrung haben, gehen mit einer gewissen Unbedarftheit und Naivität in die Geburt ihres Kindes.

Auf die Geburt und die daraus resultierenden überwältigenden Emotionen und das Überschreiten von bisherigen Grenzen sind wir Frauen nicht annähernd vorbereitet.

Die Geburt ist eine Erfahrung, die dich für immer verändert. Nicht nur deine körperliche, sondern auch deine emotionale Komfortzone wird weit überschritten und das auch weit über das Maß des Erträglichen hinaus. Gib dir Zeit, dies zu verdauen, um dich langsam an diese Grenzerfahrung anzupassen.

Wenn du in einer Klinik entbindest und je nachdem, wie dein Geburtsverlauf ist, ist schnelles Entscheiden vonseiten des Klinikpersonals gefragt. Entschlüsse werden nicht ausführlich begründet, weil oft die Zeit fehlt.

Zwischen Schichtwechseln und vollen Dienstplänen bleibt wenig Zeit für einfühlsame Gespräche. Aber du bist unglücklich wegen der fehlenden Kommunikation. Dabei bist du doch als Mutter der Mittelpunkt des Geschehens. Nur deine subjektive Einschätzung der Situation zählt. Ängstliche Gefühle und Fremdbestimmtheit sind so vorprogrammiert.

Blues nach der Geburt

Unerwarteter Verlauf der Geburt

Doch was bedeutet es für uns Frauen, wenn sich der Verlauf der Geburt radikal von dem unterscheidet, was wir erwartet haben? Was, wenn wir darauf eingestellt waren, eine Geburt auf natürlichem Wege zu erleben, und nun unser Kind z. B. mittels Kaiserschnitt (in der Fachsprache *Sectio* genannt) auf die Welt geholt wurde? Oftmals ist dann die Enttäuschung darüber immens. Schuldgefühle oder ein Gefühl des persönlichen Versagens können zutage treten.

Sätze wie diese sind bei vielen Frauen im Kopf verankert:

» „Kinder zu bekommen ist das Einfachste auf der Welt!"
» „Frauen schaffen und bewältigen die Geburt ihres Kindes mit Leichtigkeit …"

Doch hinter diesen Glaubenssätzen verbirgt sich eine traurige Ironie.

Auch mir sind diese „Weisheiten" vertraut. Wo diese „schlauen Sätze" ihren Ursprung haben, ist mir allerdings nicht bekannt. Es soll uns Frauen wohl damit suggeriert werden, wie einfach gebären ist.

Ich persönlich empfinde solche banalen Sätze als äußerst deplatziert und unemotional. Ist nicht die Geburt eines jeden einzelnen Kindes es wert, sich mit ihr differenziert und explizit zu beschäftigen?

Blues nach der Geburt

Jede Geburt für sich ist ein einzigartiger und intimer Akt!

Bedauerliche Realität ist jedoch, dass dieser Wert heutzutage in unseren Krankenhäusern nicht gelebt wird. Hier wird mittlerweile eine Art von „Geburtsleistungsdruck" für die gebärende Frau aufgebaut. Gebären heißt loslassen, und das geschieht in einer vertrauensvollen und ruhigen Umgebung, ohne Druck, der Stress erzeugt.

Diesem können wir uns dann, bedingt durch die besondere Situation und teilweise fremdbestimmten Entscheidungen, oft nicht mehr entziehen und müssen die Entscheidungen zwangsläufig hinnehmen. Ich kenne auch viele Frauen, die im Kreißsaal ihre Wünsche äußerten und nicht gehört wurden.

Hast du dich mal mit den Termini rund um die Geburt in unserem heutigen Sprachgebrauch beschäftigt? Das Ursprungswort Geburt mit seinem Verb *gebären* wird im medizinischen Gebrauch mehrheitlich mit dem Nomen *Ent-bindung* (der Mutter von einem Kind) und dem Verb *entbinden* benannt. Die Eigenverantwortung geht bei einer *Entbindung* verloren. Dabei ist *gebären* ein aktiver Begriff.

Werdende Eltern geben immer öfter die Verantwortung in die standardisierten Prozesse von Krankenhäusern und Geburtskliniken ab. Gleichzeitig bedeutet das aber auch, dass diese Eltern ihre Selbstständigkeit und Selbstbestimmtheit verlieren, ohne es zu merken.

Das Wort *Ent-bindung* verdeutlicht auch hier den Unterschied sehr schön. Verantwortung wird während der Geburt, wie auch schon in

Blues nach der Geburt

der Schwangerschaft, an das medizinische Fachpersonal abgegeben. Es wird in den natürlichen Geburtsverlauf eingegriffen, und er wird manipuliert, um dir eine scheinbare Sicherheit zu bieten. Tatsächlich nimmt uns die Abgabe der Verantwortung aber auch den Glauben an unsere eigene Intuition, Kraft und Stärke!

Die Belastungen einer Geburt für den Körper und die Psyche sind hoch. Dadurch steigt die Nervosität, was die natürliche Entspannung und Lockerheit schnell blockiert. Bei Komplikationen, egal wo wir gebären, ist die Frau unweigerlich weiteren erhöhten Stressreaktionen ausgesetzt.

Je nachdem, welche Medikamente während der Geburt gegeben werden, können die Verschnaufpausen zwischen den Wehenzyklen kürzer werden.

Durch diese Situationen verausgaben sich viele Frauen körperlich und energetisch während der Geburt ihres Kindes. Mit diesen Energiedefiziten starten wir dann in unsere Mutter-Kind-Beziehungen.

Viele Mütter werden nach einer Geburt von einer Traurigkeit überschwemmt, die weit über die Tage, die als Babyblues bezeichnet werden, hinausgeht. Eigentlich müssen Mütter doch glücklich sein, oder? Ich jedenfalls war es nicht und die meisten meiner Klientinnen auch nicht. Zu viel ist verändert. Dies fasst das ganze Gefühlsdilemma gut zusammen.

Blues nach der Geburt

Frauen weinen über ihren veränderten Körper.

Frauen trauern über das Ende der Zweisamkeit im Bauch.

Frauen weinen über fehlende Muttergefühle.

Frauen trauern um den Verlust erwarteter Gefühle wie Glück, Erstaunen, Freude, Liebe.

Frauen weinen um die erlittene Hilflosigkeit während der Geburt.

Frauen trauern um die unvergessliche Begrüßung des Babys als schönsten Moment.

Frauen weinen über den Verlust der Zweisamkeit als Paar.

Es ist gut, wenn du weißt, warum du dich so fühlst. Das macht es vielleicht nicht leichter, doch du bist nicht allein, denn das sind normale Empfindungen.

Deine Trauer ist ein seelischer Heilungsprozess und notwendig, um Verluste zu realisieren und zu bewältigen.

Normalerweise greifen wir in Stresssituationen auf Angriffs- oder Fluchtmechanismen zurück. Mit dem Beginn der Geburt hat dein hochschwangerer Körper jedoch eine eingeschränkte Bewegungsfreiheit. Flucht ist logischerweise unmöglich und ein Angriff ausgeschlossen. Von der Vorstellung, alles unter Kontrolle zu haben,

Blues nach der Geburt

hast du dich längst verabschiedet.

Je größer der intensive Stress ist, desto länger kann eine Lebensphase nach der Geburt andauern, in der du dich vom eigenen Körper und den Empfindungen abgeschnitten fühlst.

Nichtsdestotrotz bin ich mir sicher, dass du dein Bestes gegeben und außergewöhnlichen Einsatz gezeigt hast, um dein Kind zu gebären. Auch wenn dein Kind mit Hilfsmitteln wie einer Saugglocke oder mittels Kaiserschnitt auf die Welt gekommen ist, kannst du wahrlich stolz auf dich sein! Kein Außenstehender kann erahnen und nachempfinden, welche Grenzen du überwunden hast.

Wir Mütter haben durch die erste Geburt viel erlebt, erfahren und dazugelernt. Beim nächsten Mal wissen wir, was *wir* wollen und haben mehr Vertrauen in uns und unsere Fähigkeiten.

Leider gleicht die erste Geburt mangels Erfahrung oft einem „Testlauf". Bei weiteren Geburten gestalten sich die Geburtsverläufe eher entspannter, angstfreier und sind oft kürzer.

Blues nach der Geburt

In Umsetzungsphasen schaue dir diese Impulse und Aufgaben an:

Rückblick auf deine Geburtserfahrung

Beschreibe bitte in Stichworten, was dir von der Geburt in Erinnerung geblieben ist:

Wie hast du die Geburt erlebt?

- ◯ Angenehm
- ◯ Unangenehm
- ◯ Sehr unangenehm
- ◯ Traumatisierend

Wie zufrieden warst du mit der Betreuung durch das Personal?

- ◯ Sehr zufrieden
- ◯ Zufrieden
- ◯ Unzufrieden
- ◯ Sehr unzufrieden

Wenn du noch einmal schwanger werden würdest, was würdest du dir, bezogen auf die Geburt, anders wünschen oder anders machen?

_____

_____

_____

_____

Blues nach der Geburt

Dem Geburtstrauma begegnen

Wie du den Zusammenhang zwischen Geburt und Trauma besser verstehst und deine Ängste überwinden kannst

Dein Wohlbefinden hängt von emotionaler, psychologischer und sozialer Unterstützung nach der Geburt ab. Sie ist sehr wichtig und heilend.

Die Worte Trauma und Geburt sollten eigentlich nicht zusammenpassen, doch leider stecken viele junge Mütter in einem Trauma nach der Geburt ihres Kindes fest. Erst wenn du deinen Traumakreislauf verstanden hast, dann verstehst du auch, wie du heilen kannst.

Meine Oma hat immer gesagt: „Mädchen, das wird kein einfacher Spaziergang, aber wenn du ihn gemacht hast, bist du froh."

Ein Trauma hat Auswirkungen und bringt Ängste mit sich. Es ist wichtig, Mut zu haben und trotz der Ängste, die du hast, weiter voranzugehen. Mut ist nicht das Fehlen von Angst. Mut bedeutet, sich

Dem Geburtstrauma begegnen

der Angst zu stellen, mit der Angst umzugehen und sie schließlich zu überwinden. Ängste blockieren dich in deinem Denken, Handeln und Tun. Doch das kannst du ändern. Entdecke, wer du bist und was deine Ängste dir über deine Person mitteilen wollen.

Was hat ein Trauma mit einer Geburt zu tun?

In den letzten Tagen, Wochen und Monaten hast du dich neu entdeckt, anders kennengelernt und wahrgenommen. Bisweilen hast du mit Erschrecken festgestellt, wie sich dein inneres Empfinden und Erleben grundlegend verändert hat.

Dein Alltag gleicht jetzt eher einem „Neutag".

Gefühle und Empfindungen verunsichern dich, und daraus resultierend ziehst du dich zurück. Du bist fast ausschließlich mit dir, deinem Baby und der Familie beschäftigt. Nach einiger Zeit wirst du dich wieder mehr der Welt zuwenden. Vielleicht hast du dies auch schon getan. Dein Alltag verpflichtet dich zu festen Strukturen. Langsam verblassen deine Ängste. Routine entwickelt sich und verhilft dir zu mehr Sicherheit. Aber was, wenn dies nicht der Fall ist?

Der Begriff Trauma hört sich irgendwie schlimm an. Findest du nicht auch? Ich persönlich habe längere Zeit gebraucht, um den Begriff des Traumas überhaupt mit mir und der Geburt meines Kindes in Verbindung zu bringen.

Dem Geburtstrauma begegnen

Was genau ist unter einem Trauma zu verstehen? Das eigentliche Problem besteht darin, dass man nicht genau sagen kann, was für eine bestimmte Person traumatisch ist. Menschen haben sehr unterschiedliche Grenzen, ab wann Stress für sie zum Trauma wird. Peter Levine, ein anerkannter Traumaforscher, beschäftigt sich seit 35 Jahren mit dem Thema Stress und Trauma. Er beschreibt in seinen Büchern „Wie unser Körper Trauma verarbeitet und uns in die innere Balance bringt" und „Vom Trauma befreien", dass ein Trauma im Nervensystem entsteht und nicht im Ereignis.

Er bezieht sich dabei auf die unterschiedlichen Reaktionen von Menschen auf verschiedene Ereignisse. Es ist wichtig zu wissen, dass jeder Mensch ganz unterschiedlich mit traumatischen Situationen umgeht. Levine (2011) ist der Meinung: „Ein Trauma ist die am meisten vermiedene, ignorierte, verleugnete, missverstandene und unbehandelte Ursache menschlichen Leidens."

Schon eine Reihe von scheinbar harmlos erlebten Missgeschicken kann den Verlust der Verbindung zu unserem Körper und zu uns selbst zur Folge haben. „Ein Trauma entsteht dann, wenn ein Ereignis zu plötzlich, zu schnell und zu massiv für einen Menschen geschieht." (Levine, 2011)

Individuelle Bewältigungsmechanismen funktionieren bei den Beteiligten dann nicht mehr.

Ein Trauma ist eine Situation, in welcher sich Betroffene schutzlos ausgeliefert fühlen. Sie fühlen sich, als wenn sie die Kontrolle über eine Situation und die Sicherheit über ihren Körper verlieren.

Dem Geburtstrauma begegnen

Bei einem Trauma werden deine automatischen Überlebensfunktionen aktiviert. Diese „Fight-or-flight-Reaktion" ist eine rasche seelische und körperliche Anpassung von Lebewesen in Gefahrensituationen. Sie beschreibt eine Stressreaktion des Körpers, der sich dafür bereit macht, auf außergewöhnliche Situationen und Belastungen zu reagieren. In diesem Fall übernimmt der älteste Teil deines Gehirns – das Stammhirn – die Kontrolle. Willentliche Entscheidungen sind dann nicht mehr möglich. Diese reflexartige Reaktion rettet Leben!

In deinem Körper kapseln sich die Lebendigkeit, Gefühle und Körpersensationen ab. Das Nervensystem bleibt hochalarmiert. Deine Sinne sind sehr wach, in hoher Anspannung, und dein Sprachzentrum ist blockiert.

Bestimmte Situationen und Momente während einer Geburt werden als intensive, bedrohliche Momente erlebt. Sie lösen Angst aus und sind von absoluter Macht- und Hilflosigkeit geprägt. In solchen tiefgreifenden erschütternden Situationen fühlen wir plötzlich nichts mehr und sind dennoch aufmerksam und höchst konzentriert. Diese extrem gesteigerte Wachsamkeit dient allein dem Zweck, Angriffsmöglichkeiten und Fluchtwege zu entdecken. Es werden erstaunliche Kräfte mobilisiert, die den Körper in die Lage versetzen, auf dieses Ereignis zu reagieren.

In der freien Natur gibt es bei Tieren häufiger die Erstarrungsstrategie. Dies ist ein Moment, in dem weder Flucht noch Angriff möglich ist. Dies ist eine im Tierreich sinnvolle Reaktion. Natürliche Feinde können bewegungslose Objekte schlechter erkennen. Außerdem sind sie nicht an einem toten Tier interessiert. Für das angegriffene

Dem Geburtstrauma begegnen

Lebewesen erhöhen Erstarrungsreaktionen potenziell die Wahrscheinlichkeit, zu überleben.

Kampf-, Flucht- und Erstarrungsreaktionen gehören zu unserem biologischen Erbe. Es handelt sich hierbei um einen Urinstinkt. Auch wir Menschen haben solche Urinstinkte. Für dich hat so eine Instinktreaktion deines Körpers schwerwiegende Folgen. Meist ist sie gekoppelt mit einer sogenannten Dissoziation. Dabei koppelt sich dein Geist vom Körper ab. Du empfindest keinen Schmerz mehr und hast nur sehr eingeschränkt und bedingt das Gefühl, dass dir dieses außergewöhnliche Ereignis gerade selbst widerfährt. Du erlebst ein angstvolles Erstarren, denn alle anderen Bewältigungsstrategien sind nicht möglich.

Diese Dissoziationserfahrung zählt zu den stärksten Indikatoren für posttraumatische Symptome.

Dein Nervensystem hat sich quasi einfach „überfressen". Der einsetzende Ablauf hat sich im Laufe der Evolution nicht weiterentwickelt. Unser Körper reagiert nicht, wie es für eine hochtechnisierte Zivilisation angemessen wäre. Er reagiert nach wie vor mit seinen von der Natur gegebenen Urinstinkten, wie er es schon in der Steinzeit getan hat. Dieser Ablauf hätte unserem steinzeitlichen Ich bei einem Angriff eines Säbelzahntigers wahrscheinlich das Leben gerettet. Genau bei diesem Verhaltensmuster hat sich unser Gehirn eine positive Notiz gemacht.

„So rette ich mich. So mache ich es ab jetzt immer", sprach das Gehirn.

Überlebt und erfolgreich gerettet! Das bedeutet, dass in Zukunft nach

Dem Geburtstrauma begegnen

dem gleichen Muster gehandelt wird, ob dazu nun ein Grund besteht oder nicht.

Dieses Verhalten bringt aber offensichtlich Schwierigkeiten für unsere Anpassung an das moderne Leben mit sich.

Generell funktioniert unser Körper in der Art und Weise, dass traumatische Ereignisse den natürlichen Reizschutz unseres Körpers überfluten. Das Nervensystem speichert dann eine bestimmte Situation mit allen einhergehenden Bildern, Gefühlen und Gedanken entsprechend ab, und diese werden von deinem System eingefroren. Abhängig davon, welcher Situation du ausgesetzt warst, haben diese Umstände vielleicht bei dir zu einem traumatischen Erlebnis geführt.

Diese Symptome können sich dann bei dir in unterschiedlichen Ausdrucksformen zeigen. Das plötzliche Erleben von heftigen Gefühlen, z. B. Wut und Angst, ist eigentlich eine gesunde Körperreaktion auf ein traumatisches Ereignis. In diesen Fällen tritt sie allerdings mit Verspätung ein. Dein Gehirn hat die klare Information, dass deine Stresssituation beendet ist, noch nicht korrekt verarbeitet und kommt mit den notwendigen Folgehandlungen nicht hinterher. Daher ist es nicht leicht, diese Reaktionen mit dem Erlebnis deiner Geburt in Verbindung zu bringen. Die Reaktionen erscheinen oft unkontrolliert, unangemessen und viel zu heftig. Ich bin damals wegen Kleinigkeiten richtig in die Luft gegangen und stand ständig unter Strom. Auch kann es sein, dass du einen ungewohnten Bewegungsdrang entwickelst oder zu zittern beginnst. Diese beiden letzten Reaktionen solltest du auf jeden Fall geschehen lassen und nicht unterdrücken. Zittern deutet übrigens auf

Dem Geburtstrauma begegnen

ein positives Zeichen deines Körpers zur Bewältigung eines Traumas hin. Überschüssige Energie wird so abgebaut. Lasse unkontrolliertes Zittern zu und freue dich darüber, dass deine Energien so in einen natürlichen Zustand zurückkehren können.

Wenn du dich mit diesem Trauma auseinandersetzt, erkennst du, wie die Abläufe in deinem Körper zusammenhängen. Dann beginnt deine Heilung.

Es gibt ein weiteres Zitat von Peter Levine (2015), das mir viel Mut gegeben hat, und deshalb möchte ich es gerne mit dir teilen:

„Ich bin überzeugt davon, dass ein Trauma heilbar ist und dass der Heilungsprozess ein Katalysator für tief greifendes Erwachen sein kann – ein Türöffner für emotionale und echte spirituelle Transformation. Ich habe kaum Zweifel daran, dass wir als Individuen, Familie, Gemeinschaften und sogar Nationen die Fähigkeit haben zu lernen, wie wir heil werden, und viel von dem Schatten verhindern können, der durch ein Trauma verursacht wird. Wenn wir sie nutzen, werden wir unsere Fähigkeiten erheblich erweitern, sowohl individuelle als auch kollektive Träume zu verwirklichen."

Was kannst du gegenwärtig tun?

Das ist davon abhängig, wie du persönlich auf eine bestimmte Situation reagierst. Was von dem einen Menschen schon als beängstigend empfunden wird, bringt einen anderen noch nicht einmal aus seiner Komfortzone heraus.

Dem Geburtstrauma begegnen

Hier siehst du die unterschiedlichen Reaktionsebenen der Angst. Wer auf welcher Ebene reagiert, ist ganz individuell:

Reaktionsebenen der Angst

Angst zeigt sich auf verschiedenen Ebenen,
diese können individuell allerdings ganz unterschiedlich ausgeprägt sein.
Bei dem einen können die körperlichen Veränderungen und
bei dem anderen die Gedanken oder Gefühle im Vordergrund stehen.

Gefühle
z. B. Hilflosigkeit,
sich „ausgeliefert" fühlen,
Furcht, Resignation

Körperliche Veränderung
z. B. Schwitzen, Zittern,
Herzklopfen

Angst

Verhalten
z. B. Flucht, Kampf,
Vermeidungsverhalten,
Panik

Gedanken
z. B. „Ich falle in Ohnmacht" oder
„Es wird was Schlimmes passieren"

Dem Geburtstrauma begegnen

Erkenne, wenn Angst dich lähmt.

Angst kann Rückschläge verursachen. Sie kann verhindern, dass du weiter deinen Weg gehst, da du dich vor den Dingen und Situationen, die noch vor dir liegen, fürchtest.

Das Gehirn überträgt deine Angst auf deinen Körper. Es wird Adrenalin ausgeschüttet, um dich instinktiv auf Kampf oder Flucht vorzubereiten, und dein Körper bekommt einen großen Energieschub. Wird diese enorme Energie nicht wieder verbraucht, stellt sich ein Gefühl von Panik ein, und du stehst unter Druck. Dieser permanente innere Druck kann schließlich zu Depressionen, Ängsten und einem Gefühl von Hoffnungslosigkeit führen. Denke daran, dass diese unangenehmen Symptome nicht von der Situation selbst, sondern von den Hormonen, die dein Körper ausschüttet, hervorgerufen werden.

Wie die Panikattacke entsteht

Die nachfolgende Abbildung verdeutlicht, wie der Teufelskreis der Angst zu einer Panikattacke führen kann.

# Dem Geburtstrauma begegnen

Die Stufen einer Panikattacke

Auslöser
„Mein Herz schlägt schneller als sonst."

Wahrnehmung
Du wirst ängstlich, befürchtest, herzkrank zu sein.

Todesangst
Du empfindest Todesangst, fürchtest, das Bewusstsein zu verlieren.

Gedanken
„Hoffentlich bekomme ich keinen Herzinfarkt."
„Ich könnte sterben."

Angst
Die Vorstellung erzeugt bei dir Angst, Flucht, Kampf, Vermeidung usw.

Körperliche Veränderungen
Durch die Angst werden weitere körperliche Veränderungen hervorgerufen.

Körperliche Symptome
Nun fängst du auch noch an zu schwitzen, bekommst Schüttelfrost usw.

Panikattacke

Dem Geburtstrauma begegnen

Der Weg der kleinen Schritte

Unverarbeitete Traumata sind vom Gedächtnis nicht kontrolliert zugänglich.

Auch nachdem die Gefahr vorüber ist, bleibt der Schlaf dennoch erschwert. Albträume und erschreckende Erinnerungen fluten das Bewusstsein. Das Nervensystem reagiert so, als wäre die Gefahr noch allgegenwärtig. Mit der Zeit fühlt sich dein Leben an, als wärst du auf Autopilot gestellt. Du fühlst dich leer und empfindest wenig Lebensfreude. Ein Leben, wie du es vor dem erlittenen Trauma geführt hast, scheint nun unmöglich zu sein.

Die Überwindung deines Traumas ist möglich, wenn bei dir genug Sicherheit zurückgekehrt ist, um aus der Starre zu erwachen.

Stelle dich auch deinen Ängsten, indem du dir ihrer bewusst wirst. Es hilft dir viel, deine Ängste zu Papier zu bringen und offen mit einer Person deines Vertrauens darüber zu sprechen. Angst ist ein sehr starkes und schützendes Gefühl, besonders in gefährlichen Situationen. Die Angst kann deine Motivation beeinflussen und dich daran hindern, notwendige Aufgaben in Angriff zu nehmen und zu bewerkstelligen.

Du kannst auf ganz unterschiedliche Weise und in ganz unterschiedlicher Stärke Angst empfinden. Angst ist der Ausdruck eines erhöhten Sicherheitsbedürfnisses und des Wunsches, mehr Kontrolle zu haben.

Dem Geburtstrauma begegnen

Mit dem Glauben an deine persönlichen Fähigkeiten und deren Weiterentwicklung wirst du stark genug sein, deinen Schmerz, deinen Verlust, deine Verletzungen zu überwinden und deinen Weg gestärkt weiterzugehen.

Dies ist der erste Schritt, dich von den Symptomen zu befreien und deinen Weg freier fortzusetzen.

In Umsetzungsphasen schaue dir diese Impulse und Aufgaben an:

Stelle dir folgende Fragen:

» Was hält mich noch zurück?

_____
_____
_____
_____

» Welche Gedanken gehen mir durch den Kopf?

_____
_____
_____
_____

Dem Geburtstrauma begegnen

» Ist die Gefahr real oder nur eingebildet?
_____
_____
_____
_____

» Kann ich die Situation vermeiden?
_____
_____
_____
_____

» Wer kann mir helfen?
_____
_____
_____
_____

Dem Geburtstrauma begegnen

» Verschlimmert meine Untätigkeit die Situation?

_____
_____
_____
_____

» Wovor habe ich Angst?

_____
_____
_____
_____

» Was ist das Schlimmste, was passieren kann?

_____
_____
_____
_____

Dem Geburtstrauma begegnen

» Warum möchte ich nichts verändern?

_____
_____
_____
_____

» Wovor habe ich wirklich am meisten Angst?

_____
_____
_____
_____

Vollziehe den ersten Schritt! Der nächste Schritt wird dir schon wesentlich leichter fallen und dich weiter voranbringen. Denke an den schlimmsten möglichen Fall: Was ist das wirklich Schlimmste, das dir passieren kann? Sage dir einfach selbst, dass du es meistern kannst! Solltest du dich damit überfordert fühlen, dann kann dich eine Therapeutin vor Ort sicherlich bestmöglich unterstützen.

Fasse Mut und starte mit kleinen Schritten. So kannst du aus Stolpersteinen Pflastersteine machen.

Dem Geburtstrauma begegnen

Hier kannst du für dich deine Angstsymptome überprüfen und ankreuzen:

Alarmsignale Angst

O Herzrasen oder Herzklopfen
O schneller oder unregelmäßiger Herzschlag, Schweißausbrüche
O Zittern
O Mundtrockenheit
O Erstickungsgefühle
O Atemnot
O Kurzatmigkeit
O Enge- oder Beklemmungsgefühl (Hals oder Brust)
O Schluckbeschwerden
O Angst vor einem Herzinfarkt
O Hitzewallungen
O Kälteschauer oder Frösteln
O Kribbeln (Haut/Finger/Mund oder Lippen)
O Taubheitsgefühle
O Unruhegefühl im Magen/Körper, Bauchschmerzen
O Würgereiz
O Gefühl von Schwindel
O Unsicherheit
O Schwäche oder Benommenheit
O Gefühl, in Ohnmacht zu fallen

Dem Geburtstrauma begegnen

Manchmal sind die Dinge, vor denen du am meisten Angst hast, sie zu tun, die Dinge, die dir Freiheit bringen.

» Wie zeigt sich deine Angst in dir?
___
___
___
___

» Wann spürst du etwas?
___
___
___
___

» Ist es zeitlich unabhängig?
___
___
___
___

Dem Geburtstrauma begegnen

» Oder zu bestimmten Tageszeiten?

_____
_____
_____
_____

» Tendenziell eher draußen?

_____
_____
_____
_____

» Welche Situationen fallen dir ein?

_____
_____
_____
_____

Dem Geburtstrauma begegnen

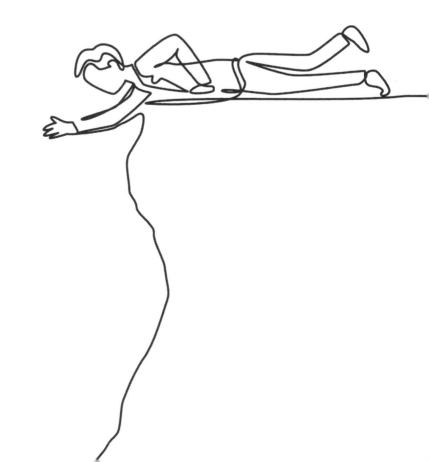

# Dem Geburtstrauma begegnen

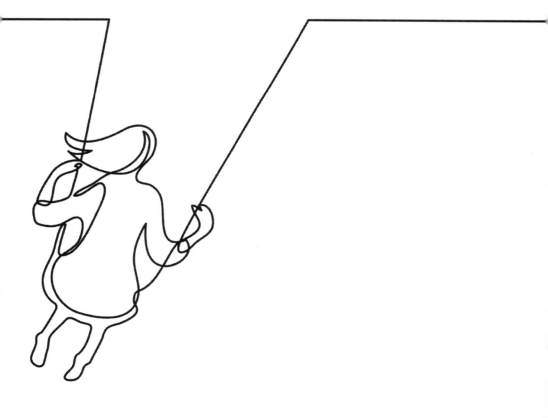

Deinen Körper nähren

Deinen Körper nähren

Was du sofort tun kannst, um dich zu stärken

Vor guten Ratschlägen im Alltag können wir uns kaum retten. Das ist anstrengend, und du weißt oft nicht, wie du das alles umsetzen sollst. Abgesehen davon bist du schon mit der Baby-Alltagsbewältigung, deiner Müdigkeit und den ganzen anderen Dingen, die jeden Tag auf deiner Liste stehen, beschäftigt. Unter diesen Umständen eine Vielzahl von Ratschlägen zu befolgen, ist schlicht unmöglich. Wenn du allem und jedem gerecht werden möchtest, wirst du schnell feststellen, wie sehr deine Energiereserven nachlassen und sich dein Zustand verschlechtert.

Sich um sich selbst zu kümmern ist kein Luxus – es ist eine absolute Notwendigkeit, denn dein Wohlbefinden und deine Gesundheit hängen davon ab.

In der ersten Zeit ist es ausreichend, besonders wichtige „Mamahacks" für deine Gesundheit einzubauen. Als Mama stehst du im Mittelpunkt,

Deinen Körper nähren

und zum Mittelpunkt solltest du auch für dich selbst werden.

Allerdings ist dies wirklich leichter gesagt als getan.

Es gibt Entwicklungen, die dir Energie rauben und Stress verursachen. Da musst du praktisch denken, sofort optimieren, kleine Schrauben justieren, um dem Ganzen mehr Entspannung zu geben. Allein das Gefühl, wieder etwas aktiv ins Positive verändern zu können, lässt im Gehirn die Produktion von Glückshormonen (Endorphinen) und antidepressiven Substanzen ansteigen.

Mögliche medizinische Ursachen in Erfahrung bringen

Egal ob Babyblues oder Wochenbettdepression – folgende Punkte solltest du unbedingt klären:

Die hormonellen Prozesse nach einer Geburt wirken sich auf deinen Körper und auf die Psyche aus. Auch eine genetisch veranlagte Komponente kann noch hinzukommen, falls du zu Depressionen oder generell zu psychischen Erkrankungen neigst, insbesondere wenn diese bereits in deiner Familie vorgekommen sind.

Respektiere die Macht der Hormone

Die folgenden Anregungen mit einer Auswahl an natürlichen Hilfsmitteln zum Ausgleich von Hormonschwankungen sollen dir helfen,

Deinen Körper nähren

einen Weg aus deiner festgefahrenen alltäglichen Starre zu finden (blättere dazu auch zum Kapitel 10).

Leider werden die Hormonwerte bei Müttern mit Erschöpfungs- und Babybluessymptomen häufig außer Acht gelassen. Von vielen Klientinnen habe ich schon das Feedback des Arztes bekommen, dass so etwas zum jetzigen Zeitpunkt völlig unnötig sei.

Bei einem passenden Therapeuten oder Arzt kannst du ein großes Blutbild machen lassen, deine Hormon- und Schilddrüsenwerte und deinen Vitaminstatus sowie Spurenelemente überprüfen und dich beraten lassen.

Depression und Stimmungsschwankungen können auch Symptome von Östrogendominanz sein.

Auf der Website der Hormonselbsthilfe findest du viele weitere Informationen: www.hormonselbsthilfe.de

Mögliche Diagnosen

» Gibt es eine Schilddrüsenunter- oder -überfunktion?

_____

_____

_____

_____

Deinen Körper nähren

» Gibt es einen Progesteron-, Östradiol- oder Östriolmangel?

_____
_____
_____
_____

» Gibt es einen Mangel im Bereich der Androgene oder der Stresshormone?

_____
_____
_____
_____

» Gibt es einen Vitamin-D-Mangel?

_____
_____
_____
_____

Deinen Körper nähren

» Nimmst du ausreichend Nahrungsmittel zu dir?

_____

_____

_____

_____

» Wenn ja, welche sind das?

_____

_____

_____

_____

Wusstest du, dass bei einer Schilddrüsenunterfunktion auch deine Hormone beeinflusst werden? Die Aufnahme von Progesteron, ein wichtiger Vertreter der Gelbkörperhormone, in die Körperzellen wird erschwert. Progesteron aber hilft gegen das hormonelle Tief nach der Geburt. Durch einen Mangel können sogar verstärkte Monatsblutungen auftreten. Aber auch ein Eisenmangel kann zu einer Schilddrüsenunterfunktion führen, da Eisen direkt für die Herstellung der Schilddrüsenhormone benötigt wird.

Deinen Körper nähren

Mögliche Symptome bei Unterfunktion deiner Schilddrüse:

» schwacher Kreislauf, Kälteempfindlichkeit, Taubheitsgefühl in Füßen und Händen
» Müdigkeit und hohes Schlafbedürfnis
» juckende Haut, sprödes Haar, Haarausfall, Schwellung im Gesicht
» Infektanfälligkeit, chronische Verstopfung, Sodbrennen

Auf der Website des Vereins Schatten und Licht e. V., der eine sehr informative und hilfreiche Anlaufstelle für das Thema der peripartalen psychischen Erkrankungen ist, findest du weitere Informationen dazu: https://schatten-und-licht.de/praevention/

Progesteronmangel kann sich wie folgt zeigen:

» starke Monatsblutungen
» Schlaflosigkeit
» Angstzustände
» Akne
» geringe Libido
» Depressionen, besonders postpartal
» Kopfschmerzen
» Gewichtszunahme
» starke PMS-Symptome
» Stimmungsschwankungen

Deinen Körper nähren

Natürliches Progesteron darf nicht mit Gestagen (synthetisches Progesteron) verwechselt werden.

Hier findest du vom Verein Schatten und Licht e. V. eine Beschreibung für eine Progesteron-Therapie zur natürlichen Erhöhung des Progesteronspiegels: https://schatten-und-licht.de/wp-content/uploads/2020/05/Praevention-Progesteron.pdf

Was kannst du unterstützend tun?

Kräutertees für dein tägliches Wohlbefinden können so wirken:

Passionsblume:	nervenstärkend und beruhigend
Frauenmantel:	progesteronwirksam
Schafgarbe:	progesteronwirksam
Beifuß:	östrogen- und progesteronwirksam
Rotklee:	östrogenwirksam
Hopfen:	östrogenwirksam

Folgende **naturheilkundliche bzw. medizinische Mittel oder bioaktive Hilfsmittel** können sich positiv auf deinen Gemütszustand auswirken:

» Traubensilberkerze
» körperidentisches Östradiol
» körperidentisches Östriol
» Yamswurzel

Deinen Körper nähren

- » Mönchspfeffer
- » Nachtkerzenöl, Borretschöl
- » pflanzliches Diosgenin: Vorstufe und Voraussetzung zur Progesteronbildung im Körper
- » körperidentisches Progesteron
- » klassische Homöopathie

Deine mentale Gesundheit wurzelt stets in der Gesundheit deines gesamten Körpers.

Deshalb ist es wichtig, ganzheitlich zu denken und eine metabolisch ausgewogene, zuckerarme Ernährung mit wenig Milch- und Weizenprodukten, Entgiftung, erholsame Schlafgewohnheiten und nicht invasive Behandlungsmöglichkeiten wie z. B. Lichttherapien und kraniosakrale Therapien als strategische Unterstützung zu nutzen.

Es gibt Studien, die einen Vitaminmangel mit der Entwicklung von Depressionen in Verbindung bringen.

Daher ist es wichtig, Mängel aufzudecken, um Defizite auszugleichen.

Hast du einen Überblick über deinen Vitaminhaushalt im Körper? Dein Körper möchte auch mit ihnen gut genährt sein. Die folgende Übersicht zeigt dir einen kleinen Ausschnitt, wofür welches Vitamin in deinem Körper zuständig ist und wie es dich jetzt unterstützen kann.

Deinen Körper nähren

Vitamin A

Vitamin A ist für deine Abwehrkräfte und die deines Babys, das Wachstum und die Entwicklung von Zellen und Geweben von Bedeutung und hilft deinem gestillten Baby, gesund zu bleiben, wenn genügend Vitamin A von dir mit über die Nahrung aufgenommen wird.

Vitamin B

Besonders jetzt nach der Schwangerschaft und in deiner Stillzeit sind B-Vitamine sehr wichtig für dich, weil du einen erhöhten Bedarf an ihnen hast. Diese Vitamine sind nämlich wasserlöslich und können nicht im Körper gespeichert werden. Da sie aber für viele biochemische Vorgänge benötigt werden, solltest du sie hinzufügen. Sie unterstützen dich u. a. bei deiner Hirnleistung. (Ich hatte eine Stilldemenz und war froh, dass mein Gehirn überhaupt angesprungen ist. Ich wusste damals noch nichts von den B-Vitaminen.) Sie unterstützen dich bei Erschöpfung und Müdigkeit. Wenn du viel Kaffee trinkst und auch später mit der Pille verhütest, steigt dein Bedarf ebenfalls.

Diese B-Vitamine kannst du alle einzeln kaufen, du kannst aber auch zu einem guten Komplexmittel greifen.

Thiamin (Vitamin B1): wenn es psychisch hoch hergeht, steigert deine Gedächtnisleistung

Riboflavin (Vitamin B2): für die Entgiftung

Deinen Körper nähren

Niacin (Vitamin B3): Hierdurch wird unser Stoffwechsel angekurbelt. Es ist für gute Fett- und Cholesterinwerte wichtig.

Pantothensäure (Vitamin B5): Dieses Vitamin begegnet dir auch in einer Wundsalbe, die du für den Po deines Babys nutzen wirst. Es ist wichtig für die Wundheilung.

Pyridoxin (Vitamin B6): ist oft am Ende der Schwangerschaft zu niedrig. Es unterstützt das Nerven- und Immunsystem und hilft, einen erhöhten Homocysteinspiegel abzubauen.

Biotin (Vitamin B7): Gerade nach einer Schwangerschaft ändert sich oft die Haarstruktur, und die Haare sind von Hormonveränderungen betroffen. Perfekt für Haare, Haut und Nägel.

Folsäure (Vitamin B9): ist dir sicherlich schon aus der Schwangerschaft bekannt

Cobalamin (Vitamin B12): unterstützt deine/eure Zellerneuerung

Vitamin D3 in Verbindung mit Vitamin K2

Diese beiden Vitamine ergänzen sich perfekt in ihrer Wirkung und ihren Eigenschaften, deshalb solltest du diese zusammen einnehmen. Dafür findest du viele Kombinationsprodukte in Tablettenform oder als Tropfen auf dem Markt. Ein ausgeglichener Vitamin-D3-Spiegel wirkt Müdigkeit, Erschöpfung und Depression entgegen. Er ist

Deinen Körper nähren

wichtig für ein starkes Immunsystem und unterstützt dich, wenn du Autoimmunerkrankungen wie z. B. Hashimoto hast. Du kannst deinen Vitamin-D3-Spiegel ganz leicht bei einem Arzt testen lassen. Nach einer Schwangerschaft empfiehlt sich das besonders.

Wenn du dir einen Überblick über deinen Vitaminhaushalt verschaffen möchtest, dann lasse einen entsprechenden Vitaminstatus bei deinem Arzt oder Heilpraktiker machen.

Entschlackung deines Körpers

Auch lange **Natronbasenbäder** bringen lahmgelegte Stoffwechselprozesse in Ordnung, die sonst Stimmungsschwankungen und Depressionen begünstigen können. Dazu kannst du dir Natron in einer größeren Einheit im Internet besorgen. Wenn du eine Badewanne zur Verfügung hast, super. Wenn nicht, dann machst du einfach Fußbäder statt Wannenbäder.

Anwendungsanleitungen dazu findest du online.

Ein Körper, dem Nährstoffe, Schlaf und Bewegung fehlen, gerät aus dem Gleichgewicht.

Eine **ausgewogene Ernährung** ist ein wichtiger Faktor für dein persönliches Wohlbefinden. Du solltest versuchen, hochwertige Fette zu dir zu nehmen, um dein Energieniveau konstanter zu

Deinen Körper nähren

halten. Kohlenhydrate putschen nur auf und bringen dir langfristig keine Energie.

Wenn du dich auf einem niedrigen Energielevel befindest, ist es sehr empfehlenswert, Frischkost wie Obst und Gemüse zu dir zu nehmen. Am besten bereitest du dir täglich eine kleine und eine große warme Mahlzeit zu. Bitte achte darauf, sowohl weniger Zucker als auch Fleisch- und Wurstwaren zu konsumieren. Eine gesunde Alternative bietet hierzu Porridge. Vielleicht hast du davon schon mal gehört? Porridge ist ursprünglich ein Haferbrei. Mittlerweile ist auf dem Markt eine große Auswahl an getreidefreien Breien erhältlich. Diese kurz mit Wasser aufkochen oder anrühren und ein bis zwei Teelöffel hochwertiges Öl dazu, ein geriebener Apfel, eine Banane oder gefrorene Beeren – schon ist eine gesunde warme Mahlzeit fertig.

Ein weiterer wichtiger Faktor ist **Wasser**. Trinkst du genug?

„Bestimmt nicht genug", höre ich dich jetzt schon murmeln.

Trinke bis zu drei Litern am Tag, denn die Vorteile liegen auf der Hand.

Wasser ist ein ausgezeichneter Leiter für elektrische Energie. Dein Körper besteht zu etwa zwei Dritteln aus Wasser, das Gehirn enthält sogar noch mehr. Alle elektrischen und chemischen Aktivitäten des Gehirns und des Zentralnervensystems sind abhängig vom Leitvermögen der Bahnen zwischen dem Gehirn und den Sinnesorganen.

Deinen Körper nähren

Dieses Leitvermögen steigerst du, indem du viel stilles Wasser trinkst.

Psychischer und umgebungsbedingter Stress erschöpfen deinen Körper und entziehen den Zellen Wasser.

Wassertrinken hilft deinem Gehirn beim effizienten Speichern und Wiederabrufen von Informationen. Es aktiviert die elektronische und chemische Kommunikation zwischen Gehirn und Nervensystem. Auch verbessert eine ausreichende Wasserversorgung alle zum Leben benötigten Fertigkeiten. Du könntest es beim Füttern deines Kindes zum Ritual werden lassen, dir immer ein Glas Wasser zu gönnen.

Tue auch deiner Haut etwas Gutes. Damit werden Toxine aus dem Körper gespült. Die führen nämlich sonst zu Entzündungen und Pickeln.

Fältchen werden gemindert, da auch diese bei dehydrierter Haut entstehen. Mit einem guten Wasserhaushalt kannst du diese Fältchen merklich weniger werden lassen. Du füllst deinen Magen am besten vor dem Essen mit Flüssigkeit. Darüber freut sich die Verdauung. Mit einem großen Glas Wasser im Bauch wirst du auch weniger essen.

Oft haben wir übrigens auch Durst statt Hunger.

Neben den körperlichen Vorteilen geht es auch um dein geistiges Wohlbefinden.

Trinkst du bis zu drei Litern am Tag, dann steigert das nachweislich deine Stimmung.

Deinen Körper nähren

So schaffst du es, drei Liter auf 24 Stunden aufzuteilen:

Wie du das aufteilst, ist natürlich dir überlassen. Abends viel zu trinken ist allerdings ungünstig, denn dann musst du nachts oft auf die Toilette.

Clever ist es, wenn du dir drei Zeiträume für drei Liter einteilst. Je nachdem, wann du aufstehst, rechnest du mit vier Stunden pro Liter. Das letzte Drittel endet zwei Stunden vor deiner Schlafenszeit.

Tipp:

Am besten trinkst du morgens nach dem Aufwachen ein Glas heißes Wasser mit Zitrone. Damit unterstützt du auch einen ausgeglichenen Säure-Basen-Haushalt.

Vermeide Zucker in deinen Getränken, probiere stattdessen mal Tee oder Wasser mit Ingwer/Zitrone/Apfelstücken/Schlangengurke drin.

Verändere eine Kleinigkeit in deinem Trinkverhalten am Tag. Deine Gesundheit wird es dir danken.

Für meine Karaffen habe ich mir Heilsteine gekauft, die mein Wasser energetisieren. Ich glaube fest daran und stelle es mir auch genauso vor, dass mir jeder Schluck davon gut tut. Sie gefallen mir ebenfalls optisch, und das fühlt sich gut an.

Stress ist die Anpassung des Körpers an belastende Situationen. Dein Körper reagiert darauf mit der Ausschüttung von Adrenalin, das den

Deinen Körper nähren

Blutdruck und die Muskeltätigkeit erhöht.

Dein alltäglicher Stress sollte nicht überhand nehmen, denn zu viel davon trägt deine Energiereserven ab, und die sind ja in dieser jetzigen neuen Lebensphase ohnehin nicht sehr hoch. Woran genau erkennst du Stress?

Die folgende Liste „Warnsignale von Stress" verschafft dir einen Überblick, auf welchen Ebenen sich Stresssymptome in deinem Körper bemerkbar machen.

Kreuze an, was dir bekannt vorkommt.

1. Körperfunktionen:

○ Beschleunigung von Herzfrequenz (Puls) und Atmung
○ Engegefühl
○ Kurzatmigkeit
○ Herzstiche
○ weiche Knie
○ trockener Mund
○ Kloß im Hals
○ Kreislaufstörungen (bis hin zum Kollaps)
○ hoher Blutdruck
○ vermehrtes Schwitzen
○ Verstopfung, Magen-Darm-Beschwerden
○ Schlafstörungen, chronische Müdigkeit
○ sexuelle Störungen
○ Zyklusstörungen bei der Frau

Deinen Körper nähren

○ Muskelverspannungen (Nacken, Hals, Gesicht, Schultern)
○ Spannungskopfschmerzen, Migräne
○ Rückenschmerzen
○ Schwächung des Immunsystems, häufiges Kranksein
○ Hautveränderungen

2. Denkvermögen und Gefühle:

○ Unsicherheit
○ Überempfindlichkeit
○ Unwohlsein
○ innere Anspannung und Überbelastung
○ Angst
○ Nervosität, Gereiztheit, Aggressivität
○ Apathie
○ Hypochondrie
○ depressive Verstimmung, Niedergeschlagenheit, Resignation
○ Konzentrationsschwäche
○ Tagträume, Alpträume
○ eingeengte Wahrnehmung
○ Fixierung auf den Stressor
○ rigides Denken (Scheuklappeneffekt)
○ Denkblockaden
○ Gedächtnisstörungen
○ Gedankenkreisen
○ Leistungsabfall, Fehlerzunahme

Deinen Körper nähren

3. Verhalten:

O Meiden der stressauslösenden Situation
O gereiztes Verhalten gegenüber anderen
O starre Mimik
O Zittern
O Zähneknirschen
O Fingertrommeln
O Fußwippen
O Zucken
O Faust ballen
O Stottern
O nervöse Gestik
O sozialer Rückzug

Mit der folgenden Übung kannst du schnell Druck und Verspannungen in dir lösen.

Deinen Körper nähren

Übung Herz öffnen

Diese kleine Übung ist auch eine seelische Herausforderung:

Dein Herz öffnen, immer wieder – für andere und für dich selbst.

Suche dir einen ungestörten Platz, an dem du ein Weilchen nur für dich sein kannst.

1. Du stehst entspannt und gerade, die Schultern sind tief, der Nacken ist lang, das Kinn leicht zur Brust geneigt.

2. Verschränke beide Hände hinter dem Rücken fest ineinander und ziehe sie dann sanft, aber aktiv Richtung Boden.

3. Die Schulterblätter ziehen sich zusammen, und dabei öffnet sich der Brustkorb.

4. Atme tief ein und aus und ziehe dich lang am Scheitel nach oben. Das Kinn bleibt Richtung Brust geneigt.

Du bist, was du bist, und das ist alles, was du bist, und du bist gut so.

Deinen Körper nähren

Mithilfe einer Selbstanalyse kannst du herausfinden, was deine Kraftquellen sind und welche Ressourcen dir zur Verfügung stehen, um dadurch Energie zu schöpfen. Um in einer gesunden Balance zu leben, musst du die Krafträuber durch Energiequellen ersetzen.

Wie steht es mit meiner Energiebilanz?

Woher kommt meine Energie? Und wohin geht meine Energie? Fertige zunächst eine Liste mit deinen möglichen Energiequellen an, z. B. aus der Natur, Erholung, Sport, Freunde ...

Teile dann den Energiekuchen, ohne groß nachzudenken, in die entsprechend großen Tortenstücke auf. Wenn du dies getan hast, kannst du leicht deine Energiespender bzw. Energiefresser erkennen.

Woher kommt meine Energie? *Wohin geht meine Energie?*

Deinen Körper nähren

Wahrheiten, an die du dich erinnern kannst

Jede Mutter denkt, dass sie die Einzige sei, der es jemals so schlecht ging, und dass sie die Erste sein werde, die es nicht durch den Tunnel schafft. Erinnere dich häufig daran, dass auch dies vorübergehen wird.

Ich bin eine gute Mutter, weil ich mir Mühe gebe, zu heilen und meine Familie mir wichtig ist.

Ich bin eine gute Mutter, weil ich mir Hilfe organisiere, von der auch mein Kind profitieren wird.

Es ist wichtig, dass ich gut zu mir selbst bin, weil ich meine Kraft brauche, um mich um meine Familie zu kümmern.

Ich kümmere mich um meine Gesundheit, indem ich **dieses Buch lese und** _____

Es ist keine Schwäche, um Hilfe zu bitten und sie auch anzunehmen. Das ist eine gesunde Einstellung.

Schlechte Zeiten gehen vorbei, ich schaue nach vorne und freue mich darauf, **mein Leben zu genießen.**

Deinen Körper nähren

Ich freue mich jetzt schon besonders auf

_____

_____

_____

_____

_____

_____

Ich weiß, dass ich nicht allein bin, weil **viele Mütter weltweit** die gleiche Gefühlsachterbahn erleben.

Deinen Körper nähren

Sexualität und Körpergefühl

Sexualität und Körpergefühl

Warum sich die Liebes- und Paarbeziehung nach der Geburt verändert

Veränderte Liebesbeziehungen und ihre Gründe

 verletztes eigenes Körpergefühl
durch Narben

 gesättigtes Bedürfnis nach Nähe
Fürsorge fürs Baby

 Müdigkeit/Erschöpfung
Schlafentzug durch Versorgen des Babys

 Umgehen m. körperlicher Nähe
Angst vor Schmerzen

 Vermeidung von Gefühlen
Angst vor Kontrollverlust

Sexualität und Körpergefühl

Dein Körper ist definitiv nach der Geburt für eine Zeit verändert. Du nimmst ihn neu wahr, bist weicher, und deine Sensibilität ist höher geworden.

Je nachdem, wie du die Geburt erlebt hast, sind große Teile deines Körpers verletzt und erschrocken, und du fühlst dich noch überwältigt von den Eingriffen in deine Privatsphäre.

Es gibt viele Gründe, warum sich dein sexuelles Verlangen und auch andere Bedürfnisse in der frühen Familienzeit verändern.

Wunden und Narben

Vaginale Geburt und Kaiserschnitt hinterlassen ihre Spuren.

Viele Frauen verspüren eine gewisse Scheu, sich nach einer Geburt ihren Intimbereich genauer anzuschauen und diesen zu berühren.

Dabei spielt es keine Rolle, ob die Geburt auf natürlichem Wege oder mittels Kaiserschnitt erfolgte. Der gewohnte Blick in den Spiegel zeigt einen vermeintlich fremden Körper und wirkt belastend.

Deine körperlichen Wunden werden schneller heilen als deine seelischen. Trotzdem brauchen diese körperlichen Wunden viel Zuwendung von dir.

Kinder kommen einfach angelaufen, wenn sie sich wehgetan haben.

Sexualität und Körpergefühl

Wir nehmen sie dann in den Arm, pusten auf die verletzte Stelle und versorgen die Wunde.

Doch wer versorgt deine Wunden?

Wenn keiner auf deine Wunden pustet und sie versorgt, dann musst du dies folglich selbst liebevoll tun.

Der Bereich der Vulva (die äußeren weiblichen Geschlechtsorgane) sind bedingt durch die Schwangerschaft und nach der Geburt sehr belastet.

Daher benötigen speziell diese Bereiche eine besondere Zuwendung und Pflege, um sich entsprechend zu erholen und heilen zu können.

Tipp:

Nimm einen Spiegel zur Hand, um den Zustand deiner Vulva zu betrachten. Es ist wichtig und gut für dich, festzustellen, welche Spuren die Geburt bei dir hinterlassen hat. Dabei entwickelst du dein neues Körpergefühl.
Erkennst du beim Betrachten noch Rötungen, Schwellungen, Schürfungen, kleine Einrisse, blaue Flecken, eine Naht oder eine Narbe? Wenn ja, solltest du diese Stellen mit einem pflegenden Öl oder einer Heilsalbe vorsichtig sanft massieren. Falls deine Vulva noch stark geschwollen ist, kannst du dies mit einer tiefgekühlten dickeren Binde lindern. Sollte es beim Wasserlassen brennen, kannst du auch lauwarmen Kamillentee oder lauwarmes Wasser gleichzeitig über deine Scheide laufen lassen, um das brennende Gefühl zu mindern.

Sexualität und Körpergefühl

Dieses Wissen, wie du deinem Körper etwas Gutes tust, ist ein erster wichtiger Schritt, mit dir wieder in Einklang zu kommen. Dadurch kannst du dein Selbstvertrauen wiederherstellen und deine weibliche Basis zurückzuerlangen. Ohne Selbstliebe und Selbstachtung gibt es keine Veränderung.

Kaiserschnitt- und andere Narben sind große „Einschnitte".

Insbesondere dann, wenn dies deine erste, große körperlich sichtbare Narbe ist, verursacht sie vielleicht ein schwieriges Gefühl, das bisher unbekannt war und mit dem du dich noch auseinandersetzen musst.

Es dauert einige Zeit, diese Narbe zu akzeptieren, hauptsächlich dann, wenn der Verlauf der Geburt nicht deinen eigenen Erwartungen entsprach.

Viele Frauen sind anfangs schockiert vom Anblick der Narbe, sodass sie es nicht schaffen, sich diese einfach nur anzuschauen.

Sie fühlen sich optisch sehr entstellt und verletzt.

Beschäftige dich einmal mit folgenden Fragen, wenn du magst:

- » Ist der Zeitpunkt schon gekommen, sich deinen Narben zu nähern?
- » Hast du deine Narbe schon jemandem gezeigt?
- » Hast du deinen Partner gefragt, wie er über die Narbe denkt?
- » Darf er die Narbe berühren?
- » Auf welche Art und Weise dürfte er die Narbe berühren?

Sexualität und Körpergefühl

Hier sind drei Tipps, wie du dich um deine Narbe kümmern kannst:

Tipp 1: Optik deiner Narbe

Solltest du mit der Optik deiner Narbe unglücklich sein, so gibt es medizinische Möglichkeiten, dieses zu behandeln. Du solltest dann zeitnah einen Arzt oder Heilpraktiker aufsuchen, um diese frische Narbe mit Hyaluronsäure zu unterspritzen und so zu verhindern, dass sich Narbengewebe bildet. Auch können Narben mit einem Softlaser therapiert werden. Das bieten auch dafür ausgebildete Kosmetikerinnen an.

Ich persönlich habe keine Kaiserschnittnarbe. Doch vor ein paar Jahren hatte ich einen sehr komplizierten Schlüsselbeinbruch und musste deshalb mehrfach operiert werden. Als Folge des Unfalls wurde dies nun meine erste Narbe, zehn Zentimeter lang, und sie verlief quer über mein Schlüsselbein.

Nach der Operation und dem ersten und zweiten Schrecken habe ich aber meine Narbe als Teil meines Körpers zu akzeptieren gelernt und damit begonnen, mich intensiv um sie zu kümmern.

Ich nutzte zur Heilung Narbensalben und habe sie zusätzlich mit homöopathischen Heilmitteln behandelt. Sobald die Möglichkeit bestand, habe ich mir meine Narbe unterspritzen lassen. Heute ist sie zwar optisch noch sichtbar, ich bleibe aber mit meinem Blick nicht mehr an ihr hängen.

Sexualität und Körpergefühl

Tipp 2: Akzeptanz deiner Narbe

Hast du Probleme, deine Narbe als Teil deines Körpers zu akzeptieren?

Du kannst anfangs deine Narbe z. B. einfach nur ein paar Tage im Spiegel betrachten. Dann fange an, sie sanft und leicht mit deinen Fingern zu berühren und abzutasten. Beginne dann ein wenig später damit, das Gewebe und die Haut zart mit Heil- oder Narbensalbe zu massieren. So wird das Gewebe wieder geschmeidig und gewöhnt sich an die wohltuenden und von dir selbst gesteuerten Berührungen.

Die Schmerzen verblassen und treten langsam in den Hintergrund.

Herumexperimentieren und Ausprobieren

Tipp 3: Bauchmassage

Eventuell sind nach der Schwangerschaft und Geburt an deinem Bauch Schwangerschaftsstreifen sichtbar. Die Muskulatur und die Haut sind stark gedehnt. Dies muss sich erst zurückbilden. Dafür braucht es viel Zuwendung. Deshalb sollte dein Bauch täglich von dir berührt werden und sanfte Massagen erhalten.

Es gibt spezielle Unterwäsche oder auch einfache Miederhosen, die helfen, dass sich deine Haut am Bauch wieder strafft. Creme deinen Bauch täglich mehrfach ein. Mit einem kleinen Massageroller oder

Sexualität und Körpergefühl

Handschuh kannst du die Aufnahme des Pflegeproduktes unterstützen.

Im Laufe der Zeit kostet es dich immer weniger Selbstüberwindung, diese Stellen zu berühren und ihnen die entsprechende Zuwendung zukommen zu lassen.

*Neu bedeutet nicht zwangsläufig schlecht.
Neu ist einfach nur ungewohnt.*

Selbstliebe

Schwierige Beziehungen zum eigenen Körper und zum Partner brauchen Respekt, Achtung und Aufmerksamkeit.

Wir wünschen uns alle Liebe, Bewunderung, Achtung, Vertrauen und natürlich auch einfühlsamen Sex. Wenn du dich gerade aber selbst nicht liebst, dich nicht bewundernswert findest und auch kein Verlangen nach Sex verspürst, was dann?

Ein Dilemma?

Ja, irgendwie wohl schon! Aber es gibt diese Phasen, sie gehören zum Leben einfach dazu. Wie jede Medaille zwei Seiten hat, so hast du diese auch in Bezug auf dein Selbstwertgefühl und deine Lust.

Vielleicht kannst du das Thema für dich allein, in Ruhe und ohne Druck angehen. Du kannst dich selbst erkunden und spüren, wie du

Sexualität und Körpergefühl

dich jetzt anfühlst, wie dabei deine Empfindungen sind und was dir gerade gefällt.

Welche Berührungen sind möglich?

An welchen Stellen deines Körpers kannst du dich selbst berühren?

Wenn du eine Blockade beim Berühren verspürst, frage dich dann dabei Folgendes:

» Welche Art von Empfindung verspüre ich an dieser Stelle?
» Welche Gedanken habe ich bei dieser Berührung?
» Möchte ich von meinem Partner an dieser Stelle meines Körpers berührt werden?
» Wie funktioniere ich momentan eigentlich?
» Was brauche ich, was kann ich teilen?
» Was brauche ich von anderen?

Deine Sexualität – zerbrechlich, offen und ehrlich

Welche Bedürfnisse hast du nach einer Geburt?

Jeder von euch hat ein intensives Bedürfnis nach Nähe und Zuwendung. Als Paar braucht ihr beide während der nächsten Monate viel gegenseitige Liebe, Aufmerksamkeit, Zuwendung, Anerkennung, Hilfe und Unterstützung. Respektiert das Tempo und die Bedürfnisse des anderen: nach Nähe, nach Distanz, nach Kuscheln, nach Abwechslung. Über eure

Sexualität und Körpergefühl

Wünsche und die veränderten Umstände, die die Geburt mit sich bringt, müsst ihr miteinander reden, um Missverständnisse und Kränkungen zu vermeiden. Beide Elternteile machen als Individuum eine Veränderung durch und gehen mit der neuen Lebenssituation anders um.

Das Verlangen nach körperlicher Nähe und Sex ist bei Frauen nach einer Geburt höchst unterschiedlich ausgeprägt.

Einige Frauen haben schnell nach der Geburt des Kindes wieder das Bedürfnis nach Sex. Andere Frauen hingegen benötigen erst einmal viel Zeit für sich selbst und das Baby und haben im kompletten ersten Jahr kein oder nur ein geringes Verlangen nach intimen Momenten. Oft fürchten sich Mütter auch vor den Schmerzen, die entstehen könnten.

Ein wichtiger Punkt kommt noch hinzu: Wir Frauen ticken anders.☺

Unser biologisches Fortbestehen wurde gerade gesichert, indem ihr euch fortgepflanzt habt. Beide Geschlechter folgen einem Rhythmus. So haben Männer aufgrund von hoher Testosteronproduktion ständiges Interesse an Sex und sind evolutionsbedingt am ständigen Fortpflanzen interessiert. Frauen haben eher ein stärkeres Interesse, wenn sie ihren Eisprung haben und der Progesteron- und Östrogenspiegel hoch sind. Nach einer Geburt verhält es sich eher gegenteilig, wir haben leere Speicher und müssen uns jetzt erst mal um den Nachwuchs kümmern. Zudem sind wir durch die Ausschüttung des Hormons Oxytocin (Bindungshormon, stärkt das Vertrauen in andere Menschen und fördert soziale Beziehungen) durch Stillen und Schmusen mit dem Baby ebenfalls schon recht befriedigt. Diese Art der Intimität ist neu. Das Verlangen

Sexualität und Körpergefühl

nach sexueller Zweisamkeit muss jetzt mehrere Komponenten erfüllen. Frauen sehnen sich nach Nähe auf emotionaler Ebene, und verschiedene Aspekte (u. a. Nähe, Ruhe und Zeit) müssen im Gleichgewicht sein.

Manchmal ist dieses gesamte Thema Libido beängstigend. Jeder hat seine eigenen Vorstellungen und Wünsche. Oftmals trauen wir uns nicht, diese in einer Partnerschaft zu kommunizieren.

Auch nach der Geburt ist das ein Thema, das nicht immer offen angesprochen wird. Es ist mit Scham behaftet und oft auch in den eigenen vier Wänden blockiert.

Viele meiner Klientinnen empfinden Schuldgefühle sich und dem Partner gegenüber, weil sie keine Lust haben. Das sind Gefühle, die keine Frau in dieser anstrengenden Zeit fühlen möchte, da unser Akku nahezu leer ist und wir zu 100 Prozent unserer Zeit für unser Kind da sind.

Es ist normal, wenn du noch Monate nach der Geburt keine Lust auf Intimverkehr hast. Die Psyche und der Körper brauchen Zeit zur Regeneration. Spätestens wenn sich ein Erwartungsdruck bei deinem Partner und dir erhöht, gehört das Thema auf den Tisch, sonst startet ein Teufelskreis im Kopf und im Ehebett.

Liebe zu empfangen, sie zu geben, Vertrauen zu empfinden und sich auf Gefühle einzulassen, bringt uns oftmals an Grenzen.

Sexualität und Körpergefühl

Die wenigsten Frauen machen sich während einer Schwangerschaft Gedanken über das Thema der Sexualität nach der Geburt. Warum auch? Jetzt haben andere Dinge Priorität im Leben, und es sind zwischenzeitlich weitere Themen hinzugekommen, die Aufmerksamkeit verlangen.

Folglich machen wir uns auch keine Gedanken über unsere intime Partnerschaft.

Wir verspürten vorher Lust auf Sex und aus welchem Grund sollte diese nach der Geburt abhandengekommen sein?

Ich habe mich natürlich auch nicht im Vorfeld damit beschäftigt. Es passierte langsam und eher schleichend, dass mir Veränderungen meiner Bedürfnisse bewusst wurden.

Ich war müde und erschöpft. Ich wollte nicht noch zusätzlich von weiteren Händen angefasst werden. Ich habe meine Kinder gestillt und war zwischendurch auch ehrlich gesagt genervt davon, dass permanent an meiner Brust genuckelt wurde.

Durch die Beziehung zu meinem Baby wurde bei mir Nähe automatisch mit Bedürfnisbefriedigung gekoppelt, und das war mir oft alles zu viel.

Die Bedürfnisse des anderen zu respektieren heißt nicht, sie auch erfüllen zu können.

Vielleicht willst du einfach nur kuscheln, gehalten und umsorgt werden? Du brauchst Trost, weil dich das Mamasein an manchen Tagen einfach überfordert.

Sexualität und Körpergefühl

Es mag unangenehm sein, deine Wünsche anzusprechen, also warte nicht zu lange damit, weil die Hemmschwelle, dies zu tun, sonst immer weiter steigt.

Auch dein Partner fühlt sich sicherlich besser, wenn du dich ihm ehrlich und vertrauensvoll mitteilst. Sucht gemeinsam nach kreativen Lösungen für diese neue oder Übergangszeit.

Stellt euch die Frage, welche Art von Zuwendung ihr beide braucht.

Aus vielen Gesprächen mit Vätern weiß ich allerdings, dass Männer sich definitiv nicht so viele Gedanken zu unseren Themen machen.

Viele dieser Hemmungen, die Frauen aufgrund ihrer körperlichen Veränderungen haben, werden gar nicht wahrgenommen.

Was für dich eine schlimme Narbe ist oder eine veränderte Figur, interessiert deinen Mann häufig weniger, weil er dich trotzdem liebt.

Sex nach einer Geburt ist anders!

Was vorher so einfach und wie von selbst funktioniert hat, muss neu kommuniziert und „erfunden" werden. Zu Beginn eurer Beziehung habt ihr euch auch über sexuelle Vorlieben unterhalten und euer bisheriges Liebesleben entsprechend gestaltet. Nun jedoch justiert ihr alles neu. Das erste Mal nach der Geburt wieder miteinander zu schlafen, ist ein erneutes *erstes* Mal! Wie bereits damals sind auch hierbei Ängste und Unsicherheiten mit im Gepäck.

Sexualität und Körpergefühl

Nehmt euch dabei nicht zu ernst. Lacht miteinander. Erkundet euch gegenseitig in Ruhe. Habt keine Erwartungen. Vielleicht wird es ein süßer Reinfall. Das ist es aber wert.

Sich gemeinsam zu erforschen, neu zu entdecken und die Nähe zuzulassen, ist viel wichtiger als der „perfekte Sex".

Nehmt euch Zeit, um euch vom kinderlosen Paar zu Eltern zu entwickeln. Liebe verändert sich, und der Übergang von romantischer Liebe zu reifer Liebe ist ein Prozess.

Selbstvorwürfe sind völlig fehl am Platz!

Beckenbodentraining

Neben der Geduld für den Heilprozess deiner Wunden und einer vertrauensvollen Kommunikation mit deinem Partner kannst du jedoch noch mehr für die Regeneration deines Körpers tun.

Ein auf dich abgestimmtes Beckenbodentraining verhilft dir nicht nur zu einer bewussten Körperwahrnehmung, sondern unterstützt dich auch dabei, dein Gewebe nach einer Geburt zu stärken und Inkontinenz vorzubeugen (sehr wichtig, denn auch du wirst bald schon mit deinem Kind auf dem Trampolin springen☺).

Sexualität und Körpergefühl

Was ist der Beckenboden?

Der Beckenboden besteht aus einer etwa drei Zentimeter dicken Schicht von Muskeln und Bindegewebe, die den Rumpf abschließen.

Seine primäre Aufgabe ist es, dass Harn und Stuhl zurückgehalten werden können und die inneren Organe an ihrem vorgesehenen Platz verbleiben.

Ein schwacher Beckenboden nimmt diese Aufgabe nur unzureichend wahr. Blasenschwäche und eine Gebärmutterabsenkung können die äußerst unangenehmen Folgen daraus sein.

Effektives Beckenbodentraining für deinen ganzen Körper ist das optimale Training in dieser Situation für dich. Das findest du als Kursangebot in jeder Stadt. Wenn du etwas suchst, was du auch online machen kannst, dann schau doch mal bei Kirsten Ohlhagen auf www.effektives-beckenbodentraining.de vorbei.

Unter dem Menüpunkt „Über das Training" findest du direkt hilfreiche Informationen darüber, was das Training sowohl im Wochenbett als auch während der Rückbildung bewirkt.

Es gibt viele Faktoren, die dem Beckenboden zusetzen und ihn schwächen können: Schwangerschaft, Geburt, Übergewicht, die Hormonumstellung in den Wechseljahren und Muskelerschlaffung im Alter sind hierfür die meisten Ursachen.

Sexualität und Körpergefühl

Liebeskugeln

Wenn du jetzt gerade keine Zeit für ein Beckenbodentraining findest, kannst du deine Muskeln auch mit anderen Methoden trainieren.

Dabei helfen dir Liebeskugeln für das Beckenbodentraining, deren Nutzung keine Zeit in Anspruch nimmt.

Viele Frauen und auch einige meiner Klientinnen sind begeistert davon. Fast jeder Drogeriemarkt hat solche Kugeln im Sortiment.

Die Kugeln ermöglichen es dir, die Beckenbodenmuskulatur perfekt zu trainieren, zu stärken und somit entsprechend vorzubeugen.

Auf ein Training mit ihnen sollte jedoch im Wochenbett, also ca. acht Wochen nach der Geburt, verzichtet werden: Berate dich hierzu mit deinem Arzt oder deiner Hebamme. Auch bei einer vaginalen Infektion und während deiner Menstruation sollte auf ein Training mit Liebeskugeln verzichtet werden.

Wie funktioniert das Training und was ist sein Prinzip?

Wenn die Kugeln in die Vagina eingeführt wurden, sollen diese vom Beckenboden gehalten werden. Im Inneren der Hohlkugeln befindet sich eine Metallkugel.

Diese rotiert bei jeder Bewegung und regt dabei die Muskulatur somit zu Kontraktionen an. Wie intensiv die Muskeln dabei arbeiten, merkst

Sexualität und Körpergefühl

du im Unterschied zu einem normalen Beckenbodentraining aber nicht. Allenfalls spürst du einen leicht erhöhten Druck.

Was haben die Kugeln mit Liebe zu tun? Sie haben eine Menge mit Selbstliebe zu tun.

Eine stabile Körpermitte verhilft insgesamt zu einer aufrechten Haltung und fließenden Bewegungen. Nicht ohne Grund kommt dem Beckenboden beim Yoga und Pilates eine so wichtige Rolle zu.

Auch beim „Liebemachen" ist der Beckenboden einer der zentralen Orte. Gut durchblutet, kann er uns empfindsamer machen und somit stärkere Empfindungen schenken. Den Beckenboden beim Sex zu entspannen und anzuspannen, kann bei euch die Lust deutlich steigern.

So geht's:

Kugeln mit Gleitgel einführen. Normale Alltagsbewegungen durchführen. Nach ca. zehn bis fünfzehn Minuten die Kugeln am Rückholbändchen wieder herausziehen. Die Kugeln dann gründlich reinigen.

Diese Übungen täglich wiederholen.

Ich persönlich habe zwei zeitlich unterschiedliche Testphasen mit den Liebeskugeln erprobt, und von denen möchte ich dir berichten.

Die erste Testphase begann nach der Geburt meines ersten Kindes. Um ehrlich zu sein, war das unspektakulär. Sie waren einfach in mir

Sexualität und Körpergefühl

verschwunden. Und nichts weiter. Das hat mich nicht motiviert, und irgendwann habe ich sie dann aussortiert.

Bei meiner zweiten Testphase war ich definitiv motivierter. Eine Romantrilogie hatte mich inspiriert und suggerierte mir: Spaß und tolle Gefühle. Mir fiel mein Beckenboden wieder ein, und ich dachte, diese Art von „Überraschungsei – drei Dinge in einem" ist einen weiteren Versuch wert. Ich habe mir also ein aktuelles Modell ausgesucht, und meine Erwartungen waren hoch. Leider war es dann doch nicht erfolgversprechend, in keinerlei Hinsicht. Spaßig allerdings war es schon. Bei einem Spaziergang haben sich die Kugeln „ausgebaut", wollten partout ihre Trainingssession beenden. Da musste ich dann die Dinger in einer Telefonzelle von ihrer ungünstigen Position entfernen, um weiterspazieren zu können. Das soll euch nicht davon abhalten, sie zu probieren. Ich bin bei manchen Dingen einfach zu ungeduldig.

Folge deinen seelischen Impulsen bedingungslos und frage dich täglich: Was will meine Seele und was wünsche ich mir aus tiefstem Herzen?

 # Sexualität und Körpergefühl

Ganz schön stark – Ganz schön Frau!

Wie du Perfektionismus gegen Gelassenheit tauschst

Es ist an der Zeit, das eigene Leben in einem neuen Licht zu sehen und dein Selbstbild zu optimieren.

Wenn du gerade das Gefühl hast, dass alles auseinanderzufallen scheint, bleibe ganz ruhig, es sortiert sich nur neu! Durch die Mutterschaft bekommen wir Frauen das Privileg, an einen besonderen Wendepunkt des Lebens herangeführt zu werden. Der Job „Mutter" ist eine Berufung und sicherlich das Aufregendste, Kraftraubendste und Härteste, was du gleichzeitig mit all den anderen Dingen in deinem Leben machen wirst. Trotz aller Anfangsschwierigkeiten, die auftreten können, ist es eine Riesenchance zur Entfaltung. Deshalb verdienst du nur das Allerbeste. Nutze alle Möglichkeiten dafür, die du zur Verfügung hast.

Ganz schön stark – Ganz schön Frau!

Sei dabei anders als die anderen!

Sei einfach du selbst!

Stark zu sein bedeutet, Fehler zu machen.

Es bleibt nicht aus, dass es im täglichen Leben immer wieder mal zu Reibungen oder Problemen kommt. Dies ist vollkommen natürlich und soll so sein. Die Lösung dieser Probleme erweitert unseren Erfahrungsschatz, dadurch werden wir zu dem, was wir sind, und jeder weitere Tag begegnet uns mit neuen Möglichkeiten.

In vielen Entwicklungsstadien unseres Lebens machen wir Unfug, begehen Fehler und treffen falsche Entscheidungen. Dies erweitert unseren Erfahrungsschatz.

Erfahrung ist die Summe der begangenen Fehler und der falschen Entscheidungen.

Manchmal dauert es auch eine Zeit, bis wir Resultate sehen. Erst dann wissen wir, ob der eingeschlagene Weg der richtige war.

Dies trifft auch auf dein Muttersein zu.

Als Mama darfst und musst du Fehler machen, um dich zu entwickeln.

Ganz schön stark – Ganz schön Frau!

Empfehlungen anderer solltest du als Lösungsmöglichkeiten für dich in Betracht ziehen, wenn sie denn mit deinen Einstellungen und deinem Bauchgefühl übereinstimmen.

If Plan „A" doesn't work: The alphabet has 25 more letters! Stay calm.

Einem ehemaligen Pressesprecher der Firma IBM wurde von einem Reporter einmal folgende Frage gestellt: „Was muss jemand tun, um bei IBM Karriere zu machen?" Die verblüffend einfache Antwort war:

„Er muss seine Fehlerquote erhöhen!" (Junge, 2017)

Siehe es als eine positive Erkenntnis an, dass wir nicht alle fehlerfrei sind. Dadurch können wir auch anderen Menschen, vor allem unseren Partnern, leichter vergeben, wenn sie einen Fehler begangen haben.

Gerade wenn du von diesen Menschen auf einen eventuellen Fehler deinerseits hingewiesen wirst, solltest du diesen Hinweis immer erst als konstruktive Kritik betrachten. Auch wenn es manchmal schmerzvoll sein mag, wenn dein Gegenüber nicht die richtigen Worte findet, um dich auf deine Fehler aufmerksam zu machen.

Es zeigt doch, dass andere Menschen ein wirkliches Interesse an dir haben.

Auch wenn du trotzdem gereizt und genervt darauf reagierst, versuche es mal mit einem psychologischen Trick im weiteren Gesprächsverlauf:

Ganz schön stark – Ganz schön Frau!

Zeige Dankbarkeit, wenn du auf deine Fehler aufmerksam gemacht wirst. Sicherlich nicht immer einfach, aber es erzeugt eine ganz andere Atmosphäre zwischen dir und deinem Gesprächspartner. Schließlich möchtest ja auch du von deinem Gesprächspartner Wertschätzung und Respekt erfahren.

Vielleicht hättest du gerade diesen Aspekt nicht von selbst und so schnell bemerkt.

Es erfordert Kraft, über den eigenen Schatten zu springen.

Routinen und alltägliche Pflichten waren schon immer sehr anstrengend für mich. Ich persönlich gehörte zu den Menschen, die es gewohnt waren, viele Kontakte und viel Abwechslung in ihrem Alltag zu haben.

Besonders in den Anfangsjahren als junge Mutter habe ich den Alltag oft als eintönig und zugleich stressig empfunden. Jeden Tag Baby war mir an vielen Tagen echt zu viel.

Alles war in einem Zustand von Veränderung, aber in einer Art und Weise, die mein eigenes Leben immer mehr einschränkte. Ich habe die Energie des Neuanfangs in meinem Leben nicht positiv wahrgenommen, sondern war eher schockiert über den Wegfall meines alten Lebens.

Seitdem ich Kinder habe, hat der Film „Und täglich grüßt das Murmeltier" mit Bill Murray einen absolut wahrhaftigen und auch

Ganz schön stark – Ganz schön Frau!

erschreckenden Touch. Mein Leben mit Kindern ist eine To-do-Liste, die sich am Ende der Nacht wie von Zauberhand wieder füllt. Täglich. Ohne Pause. Immer wieder, ob ich will oder nicht. Früher habe ich mich gewehrt. War übellaunig, genervt, traurig oder auch nur entsetzt darüber, was aus meinem Leben geworden ist. In der ersten Zeit in meiner neuen Rolle als Mutter habe ich mich oft darüber beklagt, dass ich gar nicht mehr existierte. Dass ich nicht mehr wüsste, wer und wo *ich* bin. Diese wahnsinnige Verantwortung und die Organisation haben mich abgeschreckt. Das kannte ich vorher nicht. Jetzt war ich plötzlich für diese unglaubliche Aufgabe verantwortlich, einen anderen Menschen liebevoll und mit allem, was ich geben kann, in sein Leben zu begleiten.

Du musst dich auf das *Neue* einlassen und vertrauen. Alles wird dann einen Sinn ergeben, sich bald positiv zusammenfügen. Vielleicht nicht direkt morgen, aber schon bald.

Mache einfach das Beste aus deinem Tag! Er soll nicht der beste Tag werden, aber das Beste, was du aus diesem Tag noch herausholen kannst.

Überlege mal:

» Wo bist du stark?

_____

_____

_____

_____

Ganz schön stark – Ganz schön Frau!

» Wann bist du stark?
___
___
___
___

» Worin bist du stark?
___
___
___
___

» Was gibt dir hier Energie?
___
___
___
___

Ganz schön stark – Ganz schön Frau!

» Woher kommt die Energie für deine Stärke?

_____

_____

_____

_____

Wie hängen Perfektionismus und Mutterschaft zusammen? Identitätsprobleme entstehen mit jeder neuen Rolle, die wir annehmen und ausführen. In der ersten Zeit als Mutter bist du oft auf die Existenz des Mutterseins reduziert. Je mehr Belastung du verspürst, desto höher ist die Wahrscheinlichkeit emotionaler Empfindlichkeiten bis hin zu depressiven Phasen. Perfektionismus verstärkt diese Entwicklung noch.

Wenn du zum Perfektionismus neigst, hast du oft ein Gefühl von Kontrollverlust. Besonders Müttern kann es so ergehen, weil das Kind das bisher gewohnte Leben durcheinanderbringt.

*Ich bin nicht da, um perfekt zu sein.
Ich bin da, um da zu sein!*

Ich habe mich nie als schlechte Mutter gefühlt, doch ich war auch immer auf der Suche nach der Frage: „Wie machen es denn nun all die anderen Mütter? Wie schaffen die das alles? Sie schlafen in Ruhe, sind ausgeruht, entspannt und sehen auch noch toll aus!"

Ganz schön stark – Ganz schön Frau!

Ich wollte diese eine Antwort, dieses eine Konzept oder Rezept, an das ich mich hätte halten können.

Eine Antwort gibt es nicht. Vielmehr gibt es tausend Antworten, tausend Konzepte. Jede Mutter, jede Familie findet ihren eigenen Stil. Wir entdecken im Laufe der Zeit, wie der Hase läuft. Wir lernen uns und unsere Grenzen besser kennen. Lernen unseren Nachwuchs kennen. Entdecken Seiten am Partner, die bisher unbekannt waren. Alles ist neu in dieser Zeit. Und das Neue macht auch erst einmal keine Pause. Aber es braucht Zeit, um anzukommen, Zeit, um angenommen und verstanden zu werden.

Wir alle müssen uns in die Mutterrolle einfinden. Wir müssen lernen, wie wir am besten als Mutter funktionieren und sein wollen, ohne dass es uns von außen vorgegeben wird, wie wir zu sein haben. Wir müssen einen Weg finden, mit Überlastung, Krisen und Konfliktsituationen umzugehen.

Also, dieses eine Rezept, den super Tipp oder die Anleitung scheint es nicht zugeben.

Es gab jedoch etwas, was ich damals dringend lernen musste, um mehr Ruhe und Entspannung in mein Leben zu lassen – und zwar: Gelassenheit!

Gelassenheit ist so ein starkes Wort, wie ich finde. Wir hätten sie alle liebend gern. Dabei hatte ich sie noch nie. Ich bin eher so der Planertyp: Ich habe gerne Plan A und Plan B (am besten auch Plan C)

Ganz schön stark – Ganz schön Frau!

in der Tasche und bin, wenn ich ehrlich bin, gar nicht so flexibel, wie es früher in meinen Bewerbungen stand. Ich war immer pingelig mit mir und meinen Leistungen. Das Tolle und Gute an mir sah ich selten.

Für die Perfektionistinnen unter uns ist diese Aufgabe, Gelassenheit zu entwickeln, eine große Herausforderung! Da mag die eine oder andere wohl sagen: „Also, ich kann aber nicht nichts tun. Da werde ich nervös." Das stimmt! Doch was passiert, wenn du dieses Nervössein mal unter die Lupe nimmst? Was passiert denn dann? Und liegt da nicht vielleicht ein Lebensthema von dir, das in der *Bearbeitung jetzt wirklich nicht mehr warten kann?*

Was steckt denn dahinter? Einen Überblick gibt dir die folgende Abbildung :

Angst vor Kritik *Angst vor Fehlern*

Getriebensein **Perfektionismus** *Hohe Ansprüche an sich*

Vermeidung, Aufschiebung *Kritische Eigenbewertung*

Der kleine Perfektionist in uns oder unser fehlendes Selbstwertgefühl meint oft, mehr machen zu müssen, als wir in Wirklichkeit können. Wir brauchen die Gelassenheit. Doch was ist Gelassenheit eigentlich? Eine entspannte Haltung gegenüber den Zumutungen des Alltags oder gegenüber den nervenden Supermamis in PEKiP-Kursen? Ein Tool aus dem Krisenmanagement?

Ganz schön stark – Ganz schön Frau!

Gelassensein kommt von *loslassen*. Sehnsüchtig blickt jede junge Mutter in Richtung Gelassenheit. Die Suche danach, besonders in den ersten Jahren, ist sehr intensiv. Bin ich gelassen? Bin ich recht entspannt? Das scheint jedem von uns eine gute Haltung zu sein. Leider ist das Gegenteil oft präsenter: Stress, Angst, absolute Übermüdung, Panik, Unwohlsein, Energielosigkeit. Der Kontrast ist extrem, und die Folgen sind nicht nur bei der Mutter, sondern auch in der ganzen Familie zu spüren. Unsere mentalen und psychischen Ressourcen müssen aufgefüllt werden, damit wir uns in unserer Mutterrolle wohlfühlen können und dürfen. Ja, schreiben lässt sich so ein Satz ja leicht, aber die Umsetzung …

Hier kann ein gutes, beratendes Gespräch sehr viel bewirken, um Ängste und Zweifel zu verstehen und damit umzugehen.

Durch meine persönlichen Erfahrungen und durch die Arbeit mit den wundervollen Frauen über die letzten Jahre habe ich Folgendes festgestellt:

Mütter tendieren häufig dazu, sich selbst zu vernachlässigen und ihre eigene Identität sogar aufzugeben. Grund dafür sind der Drang und das Streben danach, perfekt zu sein. Sie verlieren ihre eigenen Bedürfnisse aus den Augen und unterdrücken sie – bewusst oder unbewusst.

Natürlich gestaltest du als Mutter ganz individuell und bringst deine Persönlichkeit in die neue Mutter-Kind-Beziehung ein. Allerdings darf dieser Prozess nicht dazu führen, dass du dich total aufgibst und deine eigenständige Persönlichkeit verlierst. Nur wenn du dich gut um dich selbst kümmerst und deinen Energiehaushalt in Balance hältst, kannst du auf Dauer deiner Aufgabe als Mutter gerecht werden.

Ganz schön stark – Ganz schön Frau!

Habe keine Angst, um Hilfe zu bitten!
Kommuniziere ehrlich und offen.

Deine Hilfsbedürftigkeit mag dich anfänglich erschrecken und verwirren, und vielleicht kennst du dich auch so gar nicht. Mache dir deine Bedürfnisse und Wünsche bewusst. Nimm dir ausreichend Zeit dafür. Dann sortiere bitte deine Topbedürfnisse nach Priorität und fülle die folgende Liste aus:

Bedürfnisliste
Trage deine wichtigsten Bedürfnisse hier ein:

Bedürfnisse	Wie kann ich Abhilfe schaffen?	Wer kann mir helfen?

Ganz schön stark – Ganz schön Frau!

Bedürfnisliste

Trage deine wichtigsten Bedürfnisse hier ein:

Bedürfnisse	Wie kann ich Abhilfe schaffen?	Wer kann mir helfen?

Ganz schön stark – Ganz schön Frau!

Bedürfnisliste

Trage deine wichtigsten Bedürfnisse hier ein:

Bedürfnisse	Wie kann ich Abhilfe schaffen?	Wer kann mir helfen?

Ganz schön stark – Ganz schön Frau!

Jetzt bist du klarer in Bezug auf deine wichtigsten Bedürfnisse und hast Lösungsmöglichkeiten!

Reminder

Am besten kommunizierst du so schnell wie möglich, welche Art von Unterstützung und Hilfe du dir wünschst. Unwillkommene Ratschläge lässt du einfach an dir abperlen!

Wenn du keine Diskussion anfangen möchtest, lerne, gar nicht darauf zu reagieren, und wechsele einfach das Thema. Höre zu und sage: „Danke für die Anteilnahme."

Probleme mit aufdringlichen Familienmitgliedern und Freunden werden dir nun öfter begegnen. Schwangerschaft und Geburt laden wohl dazu ein, dass jeder denkt, er dürfe ungefragt seinen „Senf dazugeben". Du willst in dieser Zeit nicht mit deiner Familie herumstreiten oder deine Energie mit ihren „klugen" Ratschlägen verschwenden.

Lasse alle reden! Du musst es nicht anderen recht machen. Vergiss das nicht.

Ganz schön stark – Ganz schön Frau!

In Umsetzungsphasen schaue dir diese Impulse und Aufgaben an:

Träume!

*Was würde geschehen,
wenn du zu 100 Prozent Unterstützung bekommen würdest?*

*Stelle dir vor, du lebst in deinem Netzwerk von Helfern,
die dich liebevoll und ehrlich unterstützen.*

*Wie würde es aussehen, wenn du so viel Rückendeckung
hast wie nur irgend möglich?*

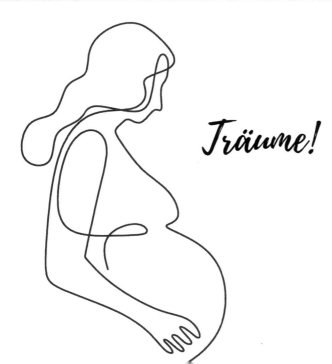

Träume!

Ganz schön stark – Ganz schön Frau!

Ist deine Motivation hoch, ist jedes Ziel erreichbar.

Motivationstipps für dich

1. Mit dem Ende beginnen

Wenn du dein Ziel kennst, kannst du den richtigen Weg einschlagen. Schlau, oder?

Wenn du dein Ziel nicht kennst, dann überlege, was deine Traumvorstellung wäre.

Wie könnte für die nächsten Wochen dein Ziel aussehen, wenn du es dir aussuchen könntest?

Nutze das Ziel als Richtschnur, die dir deinen Weg erleichtert.

2. Wissen, wo du beginnen musst

Wähle zu Beginn einen einfachen Schritt in Richtung deines Ziels. Das ermutigt dich, Schritt für Schritt weiterzumachen. Was müsstest du als Erstes tun, um etwas weiterzukommen? Etwas umorganisieren? Jemanden anrufen? Einen Termin machen? Etwas Bestimmtes klären? Wen müsstest du fragen, wenn du etwas mehr Zeit für dich haben willst?

Ganz schön stark – Ganz schön Frau!

3. Auf dem Weg bleiben

Kontrolliere deine Fortschritte. Ändere, wenn nötig, deinen Kurs. Du hast die Freiheit, jederzeit Modifizierungen daran vorzunehmen! Wenn du erst letzten Monat etwas geplant hattest, weil du dachtest, es wäre sinnvoll, so ändere es, sobald du feststellst, dass du etwas optimieren, verbessern oder anpassen kannst. Diese Einstellung hilft sehr, zumal sich dein Baby in den unterschiedlichen Entwicklungsphasen ohnehin dazu animiert.

PS: Auf dem Weg zum Ziel gehen wir oft Umwege! Aber genau diese Umwege sind wichtig, damit wir wissen, was geht und was nicht. Was passt zu deinem Leben?

4. Glaube an dich

Selbstvertrauen und innere Stärke helfen dir, positive Veränderungen vorzunehmen. Manchmal ist das Selbstvertrauen tief in uns vergraben, dann müssen Tricks her.

5. Affirmationen

Mit einem Satz, den wir uns immer wieder vorsagen, schreiben wir unsere Programmierung um. Dieser selbstbejahende Satz wird dein Verhalten und deine Haltung zu etwas dauerhaft verändern. Dadurch veränderst du aktiv deine Gefühlswelt.

Ganz schön stark – Ganz schön Frau!

6. Sei positiv

Das hilft dir, die Herausforderungen zu meistern.

Belohne dich. Sage dir: „Gut gemacht!" Das ermutigt und motiviert zum Weitermachen.

7. Habe den Mut, deine Pläne zu ändern

Es ist besser, etwas zu ändern, als in einer Sackgasse zu stecken. Wenn du deine Pläne ändern willst oder musst, ergeben sich oft andere, effektivere Möglichkeiten, dein Ziel zu erreichen.

8. Visualisiere deine Veränderung

Visualisierung hilft dir, ein Ergebnis schon im Vorfeld in Gedanken zu erproben und dadurch dein Ziel zu erreichen. Dabei setzt du alle Sinne ein: sehen, hören, fühlen, schmecken und riechen.

Es steigert deine Motivation, wenn du dir eine bestimmte Situation vor dem geistigen Auge vorstellst. Körper und Geist können so bereits den Erfolg erleben, bevor er wirklich eintritt.

Ganz schön stark – Ganz schön Frau!

Hier ein Beispiel für eine Visualisierung:

Siehe deinen Erfolg vor deinem geistigen Auge: Stelle dir vor, du malst ein Bild davon, was du erreichen möchtest. Sorge dafür, dass du dich selbst ganz deutlich in diesem Bild siehst. Dann bringst du Farbe und Bewegung in das Bild. Du bist die Hauptdarstellerin in deinem Film.

Fühle den Nutzen:

Stelle dir vor, wie du dich fühlst, wenn du dein Ziel erreichst. Du kannst diese Gefühle in deinem Körper spüren. Achte darauf, wo du sie spüren kannst. Gib dir zum Spüren etwas Zeit. Alle Gefühle sind im Körper verankert, auch bei dir.

Höre hin, *höre* das Lob: Verstärke dein Bild, indem du das Lob oder den Applaus hörst. Du fühlst den Erfolg, wenn du hörst, was andere über dich sagen.

9. Schaffe dir eine motivierendere Umgebung

Die Umgebung hat einen großen Einfluss darauf, wie du dich fühlst. Wenn es dir in deinem Umfeld nicht gefällt, dich etwas sehr stört, schaue doch mal, welche kleinen Veränderungen für dich möglich sind.

Kannst du vielleicht hier etwas optimieren?

Ganz schön stark – Ganz schön Frau!

Beleuchtung:

Besonders in der dunklen Jahreszeit, und vor allem auch in der Wohnung, ist eine gute Beleuchtung wichtig.

Tageslicht, Sonnenlicht und Tageslichtlampen sind ideal, um deine Stimmung „aufzuhellen".

Düfte:

Lavendelöl in einer Duftlampe wirkt beruhigend, Orangenöl wirkt harmonisierend. Beides verbreitet zusätzlich einen angenehmen Duft.

Ganz schön stark – Ganz schön Frau!

Brief an dich selbst: In 365 Tagen sehen die Welt und dein Leben schon wieder ganz anders aus.

Schreibe dir selbst einen Brief und lege ihn in die Schublade. Hinterlege dir das Datum in deinem Kalender und lasse dich in 365 Tagen überraschen, wie du dich verändert hast.

_____
_____
_____
_____
_____
_____
_____
_____
_____
_____
_____
_____
_____
_____
_____
_____

Ganz schön stark – Ganz schön Frau!

Als Orientierungshilfe kann dir folgende Vorlage dienen.

Herzstück – Dankbarkeit

Fünf Dinge, für die ich heute dankbar bin und warum:

_____

_____

_____

_____

Träume und Visionen

Meine aktuell größten Visionen:

_____

_____

_____

_____

Ganz schön stark – Ganz schön Frau!

Selbstbekräftigung

Meine innere Stimme sagt, ich bin …

_____
_____
_____
_____

Selbstreflexion

Auf was kann ich bereits jetzt schon stolz zurückblicken?

_____
_____
_____
_____

Was war meine größte Wochenherausforderung (mit Datum) und was durfte ich daraus lernen?

_____
_____
_____
_____

 *Ganz schön stark – Ganz schön Frau!*

Zukunftsgedanken

Wie du dich auf weitere Geburten vorbereitest

Auch wenn es dir im Moment nicht gut geht, so kommt vielleicht doch die Zeit, in der ihr, dein Partner und du, euch weiteren Nachwuchs wünscht. Die nächste Geburt wirst du aufgrund deines jetzigen Erfahrungsschatzes sicher ganz anders vorbereiten. Auf den folgenden Seiten findest du eine Übersicht, die dir dabei helfen wird.

Zunächst baust du dir dein Helfernetzwerk auf. Du schreibst auf, wer dir alles eine Unterstützung sein könnte. Wenn alle Zeilen ausgefüllt wären, wäre es der absolute Idealzustand! Aber mache dir keine Sorgen, wenn es bei dir nicht der Fall ist. Wer lebt schon in einer idealen Welt?! Sollten bei dir allerdings sehr viele Lücken sein, suche direkt den Kontakt zu deiner Hebamme oder erfrage in deiner Stadt weitere Unterstützungsmöglichkeiten.

Zukunftsgedanken

Fülle so viele Zeilen (Name/Telefon) wie möglich aus:

Hebamme/Beleghebamme:_____

Haushaltshilfe/Doula/Kinderarzt:_____

Stillberaterin unmittelbar nach der Geburt:_____

Stillberaterin zu Hause (Stillberaterinnen findest du auch online):

_____

Kliniknotruf:_____

Müttergruppe:_____

Notrufnummer bei postpartaler Depression
(z. B. https://schatten-und-licht.de/): _____

Kontaktpersonen in der Familie: _____

Notiere dir zwischen zwei und zehn Personen, die ...

» dich während der ersten zwei bis vier Wochen unterstützen.

_____

_____

» dir etwas zu essen vorbeibringen.

_____

_____

Zukunftsgedanken

» vorgeschnittenes Gemüse und Obst zubereiten.

_____

_____

» eine stärkende Suppe kochen.

_____

_____

» saubermachen.

_____

_____

» auf ältere Geschwister aufpassen.

_____

_____

» den Müll rausbringen.

_____

_____

Zukunftsgedanken

» mit dem Hund spazieren gehen.

_____

_____

» waschen.

_____

_____

» auf das Baby aufpassen, damit du schlafen kannst.

_____

_____

Außerdem können folgende Personen wichtig sein:

» jemand, den du nachts anrufen kannst, wenn du nicht mehr weiterweißt besonders wichtig, wenn du dich hauptsächlich allein um dein Baby kümmern musst)

_____

_____

» eine andere Mutter, mit der du Hochs und Tiefs teilen kannst

_____

_____

Zukunftsgedanken

» eine Nachbarin, die dir im Notfall hilft

_____

_____

» jemand, der dir nahesteht und an den du dich wenden kannst, wenn du eine Panikattacke spürst oder wirklich deprimiert bist

_____

_____

Schreibe dir ebenfalls auf:

» Orte, wo du gut mit Kinderwagen oder Tragetuch hingehen kannst, wenn du einfach raus musst

_____

_____

» Dinge, die du tun willst, um dir in den ersten Tagen nach der Geburt etwas Gutes zu tun

_____

_____

» Adressen von Restaurants in deiner Nähe, die Essen liefern (halte etwas Wechselgeld bereit)

_____

_____

Zukunftsgedanken

» Rufnummern von Taxi-Zentralen

_____

_____

Denke ebenfalls daran, …

» Bargeld im Haus zu haben für Einkäufe, Putzhilfe, Notfälle etc.

_____

_____

» deiner Familie und deinen Freunden „Aufgaben" zuzuteilen.

_____

_____

» dir Hilfe zur Geburt schenken zu lassen, z. B. Gutscheine für Mahlzeiten, Geld für eine Putzfrau, Babysitter, Stillberatung oder die Onlineberatung „MamasNest".

_____

_____

Zukunftsgedanken

Geburtsplan für weitere Geburten

Auch wenn dir das jetzt noch ein bisschen verfrüht erscheint, findest du hier eine beispielhafte Aufzählung verschiedener Punkte zur Erstellung deines Geburtsplans. Alles, was dir wichtig erscheint, kannst du dir im Vorfeld aufschreiben und dem Geburtshelferteam zeigen. Vielleicht kennst du auch andere Mütter, die kurz vor der Entbindung stehen und die mit diesem Plan mehr Klarheit über ihre Wünsche erlangen.

- » Wenn verfügbar, möchte ich die Geburtswanne testen.
- » Sollte die Wanne nicht klappen, wünsche ich mir Unterstützung beim Wechsel der Gebärpositionen, bevorzugt aufrecht und nicht liegend auf dem Kreissaalbett.
- » Ich möchte erst einen Zugang gelegt bekommen, wenn es medizinisch unumgänglich ist.
- » Ich möchte über jegliche Medikamentengabe informiert werden.
- » Ich lehne eine Beschleunigung des Geburtsverlaufs von außen ab.
- » Ich möchte keine vaginalen Untersuchungen ohne vorherige Absprache.
- » Ich möchte genügend Zeit für die Plazentageburt zur Verfügung haben. Ohne Eingreifen der Hebamme/Ärzte. Währenddessen möchte ich mit meinem Baby mit intakter Nabelschnur das Bonding genießen. Ohne Stress von außen.
- » Ich möchte die Nabelschnur auspulsieren lassen, idealerweise bis die Plazenta geboren ist. Sie soll nicht ohne mein Einverständnis durchtrennt werden.
- » Ich möchte die Plazenta mitnehmen.

Zukunftsgedanken

» Ich möchte keine Anwesenheit eines Arztes oder von weiteren Personen, soweit dies nicht zwingend notwendig ist.
» Ich lehne einen Dammschnitt ab, würde dafür einen Dammriss in Kauf nehmen.
» Platz für weitere eigene Wünsche:

Von A bis Z

Wie dich eine gut sortierte Hausapotheke unterstützen kann

Hier habe ich eine kleine Sammlung an Unterstützungsmöglichkeiten auf natürlicher Basis für dich zusammengetragen. Die Mittel sind einfach zu bekommen und die Tipps unkompliziert in der Umsetzung.

a

Agnus Castus (Mönchspfeffer)

Mönchspfeffer (Keuschlammfrucht) schubst die Hormonzentrale im Gehirn an. Er senkt auch einen zu hohen Prolaktinspiegel (Milchbildungshormon).

Von A bis Z

Aurum Metallicum

Nach der Geburt wird Aurum metallicum zur Behandlung von Wochenbettdepressionen und spärlichem Milchfluss eingesetzt. Dazu sprich bitte mit der Apotheke oder Hebamme deines Vertrauens.

Ashwagandha (Heilpflanze, wird auch Winterkirsche oder Schlafbeere oder „Indischer Ginseng" genannt)

Ashwagandha wird in der ayurvedischen Medizin seit Tausenden von Jahren zur Entspannung eingesetzt. Sie wirkt auch unterstützend bei negativen Folgen von Schlafmangel.

Aromatherapie

Zitrusfrüchte wirken stimmungsaufhellend. Bitte in einer Duftlampe nutzen, nicht auf den Hautstellen, an denen dein Baby mit dir in Berührung kommen kann.

B

Bachblüten

Die einzelnen Bachblüten für Schwangerschaft, Geburt und die Zeit danach im Überblick (nachzulesen bei Wolff-Counihan, o. J.):

Von A bis Z

Aspen: wenn du unklare Ängste hast oder dich vor Unbekanntem fürchtest

Crab Apple: wenn du dich wegen der körperlichen Veränderungen unwohl fühlst oder unter Morgenübelkeit leidest

Elm: wenn du dich der neuen Verantwortung nicht gewachsen fühlst

Hornbeam: wenn du dich sehr erschöpft fühlst, obwohl du dich gerade lange ausgeruht hast

Impatiens: wenn du ungeduldig bist, beispielsweise weil die Wehen länger dauern, als du es erwartet hast

Mimulus: wenn du Angst vor den Schmerzen bei der Geburt hast oder befürchtest, dass etwas schiefgehen könnte

Mustard: wenn du unter Wochenbettdepressionen leidest

Olive: wenn du dich in einem totalem Erschöpfungszustand befindest

Red Chestnut: wenn du dich übermäßig um dein Baby sorgst

Rescue Remedy, Rescue Tropfen: wenn du dich sehr gestresst fühlst und Panikgefühle in Ausnahmesituationen entwickelst (z. B. während der Geburt)

Von A bis Z

Rescue Remedy Creme: wenn deine Brustwarzen wund sind und schmerzen

Star Bethlehem: wenn du ein traumatisches Geburtserlebnis hattest

Walnut: wenn du die veränderten Umstände nicht akzeptieren kannst

Baldrian (Valeriana officinalis) Baldrian hilft bei Stress und Schlafstörungen, lindert Angstzustände und fördert inne Ruhe. Probiere aus, zu welcher Tageszeit es dir am besten passt. Du möchtest tagsüber ja nicht unbedingt müde werden nach der Einnahme.

Bergamotte Bergamotte als natürliches ätherisches Öl in einer Duftlampe wirkt sich positiv auf Schlafqualität aus.

Borretschkraut (z. B. aus dem Garten als Tee)

Es hilft bei leichten Depressionen und Stimmungsschwankungen.

C

Cimicifuga

Die Traubensilberkerze (Heilpflanze wurde schon in der Antike benutzt) hilft u. a. bei Ängsten und Depressionen, Trockenheit der Vagina, Kopfschmerzen und PMS-Symptomen. Cimicifuga ist ein pflanzliches Östrogen. Es gibt inzwischen eine gute Auswahl von Tabletten-, Tropfen- und Tee-Angeboten. Frage zur Dosierung und

Von A bis Z

zum Anwendungsrhythmus bitte in der Apotheke deines Vertrauens nach.

D

Vitamin D

Das „Sonnenhormon" in deinem Körper wird über einen Bluttest ermittelt. Verantwortlich kann es sein u. a. für Depression, Müdigkeit, Schwäche etc.

Bitte beim Arzt erkundigen: Vitamin D sollte mit Magnesium und Vitamin K2 eingenommen werden. Auch B-Vitamine spielen übrigens in der Stimmungswelt eine wichtige Rolle. Du findest auch im Internet seriöse Anbieter, die Testkits verkaufen (z. B. Cerascreen).

DHA (Docosahexaensäure für Herz, Hirn und Augen)

Die langkettige Omega-3-Fettsäure ist halbessenziell, d. h., der Körper kann DHA nur in geringem Maße selbst bilden. DHA ist ein wichtiger Bestandteil aller Zellmembranen, so auch von Herz, Hirn und Auge und für die Entwicklung des Kindes unerlässlich. Wochenbettdepressionen scheinen bei einer guten Omega-3-Versorgung seltener und weniger ausgeprägt vorzukommen.

Von A bis Z

E

Eisen

Lasse deine Eisenwerte überprüfen. Eisentabletten werden vom Arzt verschrieben. Mit Kräuterblut/Floradix kannst du auch substituieren, solltest du die Tabletten nicht vertragen.

Ferritin ist ein Eiweiß, das Eisen speichert. An der Ferritinkonzentration kann der Arzt ablesen, wie gut es um die Eisenversorgung des Organismus bestellt ist und ob ein Eisenmangel vorliegt.

H

Hormone

Kläre eventuelle Hormonmängel! Gibt es eine Schilddrüsenunter- oder -überfunktion?

Gibt es einen Progesteron-, Östradiol- oder Östriolmangel?

Gibt es einen Mangel im Bereich der Androgene oder der Stresshormone?

Es gibt im Internet Anbieter, die Speicheltestkits verkaufen und auswerten.

Von A bis Z

Andere naturheilkundliche Möglichkeiten bei Hormonmangel sind: Sojaisoflavone, körperidentisches Östradiol/Östriol, Mönchspfeffer, Diosgenin, körperidentisches Progesteron, Nachtkerzenöl, Weizenkeimöl.

J

Johanniskraut (Hypericum perforatum)

Johanniskraut hilft bei leichten bis mittelschweren Depressionen.

K

Kräutertee Tees als Hilfe bei weiblichem Hormonmangel:

Rotklee – wirkt östrogenwirksam

Beifuß – wirkt östrogen- und progesteronwirksam

Frauenmantel – wirkt progesteronwirksam

Himbeerblättertee – Vielleicht kennst du den Tee noch aus den letzten Wochen deiner Schwangerschaft. Er ist ein wirkliches Multitalent und erzeugt innere Ruhe und Gelassenheit. Im Wochenbett regt er deinen Darm an und hat zudem eine entgiftende und entschlackende Wirkung.

Von A bis Z

L

Lavendel

Studien belegen die beruhigende und angstlösende Wirkung der Heilpflanze. Sie gilt als nebenwirkungsarm und effektiv. Besonders wirksam ist Lavendelöl. Es gibt diverse Präparate als Kapseln auf dem Markt. Ätherische Öle werden für den Raumduft oder auf das Kissen oder Wattebausch geträufelt.

Als Massageöl verwendet man 15 Tropfen Lavendelöl auf drei Esslöffel Mandelöl.

Licht

Lichtbehandlung: Setze dich mindestens zwei Stunden am Tag einem hellen natürlichen oder künstlichen Licht (hier mind. 5000 bis 10 000 Lux) aus. An einem wolkigen Tag liegt in Nordeuropa die Lichtintensität bei ca. 10 000 Lux. Licht zur Behandlung von leichten Verstimmungen ist ein erprobtes Mittel. Lampen gibt es im Internet.

M

Mahlzeiten

Viel Obst und Gemüse, wenig Industriezucker (Xylit als Alternative);

regelmäßig eine warme Mahlzeit; Gemüsebrühe trinken für zwischendurch, z. B. beim Stillen.

Mineral- und Spurenelemente

Blutuntersuchung kann Mängel aufdecken.

Magnesium

Magnesiummangel macht sich bemerkbar durch: Übelkeit, Erbrechen, Kopfschmerzen bis Migräne, Nervosität, Angst, Herzrhythmusstörungen, Depression, Krämpfe und Verspannungen, Konzentrationsschwäche

Magnesiumöl vor dem Schlafengehen auf den Körper sprühen. Entspannt die Muskeln und den Körper. Brust auslassen, wenn gestillt wird.

n

Natronbäder

Basenbäder (erhältlich in Drogerien oder Jentschura Basenbad im Reformhaus) haben eine entgiftende Wirkung. Gib zwei bis drei Esslöffel Natron oder Basenbadzusatz ins Badewasser. Bleibe mindestens 45 Minuten im Badewasser.

Von A bis Z

O

Öle

Bei Trockenheit von Schleimhäuten und Scheide helfen Öle, die reich an Vitamin E sind. Olivenöl und Ringelblumensalbe sind ein bewährtes Heilmittel bei rissiger, verletzter und empfindlicher Haut – besonders auch an der Scheide und am Damm.

Ohrenstöpsel

Du darfst ruhig Ohrenstöpsel nutzen, wenn das Schreien deines Babys für dich unerträglich wird. Manche Säuglinge haben exzessive Schreiphasen, und das Schreien des eigenen Babys verursacht fast schon einen Schmerz im Ohr. Tue dir Gutes und dämpfe den Schrei. Wenn du weißt, dein Partner kümmert sich, kannst du die Ohrenstöpsel ruhig nutzen, um dich ein bisschen zurückzuziehen.

P

Progesteronhaltige Frauenkräuter

Diese Kräuter, z. B. Mönchspfeffer und Nachtkerze, helfen nicht nur bei Kinderwunsch und Wechseljahresbeschwerden, sondern können auch einen schwankenden Östrogen-Gestagen-Haushalt ausgleichen. Natürliche Progesterone gibt es in Form von Cremes. Hormone können präzise über einen Speicheltest ermittelt werden. Durch eine Progesteronergänzung kann sich auch die Lust auf Sex verbessern.

Pflanzliche Progesteronpräparate sind z. B. Agnus Castus, auch Mönchspfeffer genannt. Gleichzeitig senkt Agnus Castus das Milchbildungshormon!

Progesteron gibt es auch als Kügelchen/Globuli in unterschiedlichen Dosierungen.

Progesterontherapie

Diese Therapie trägt bei zur natürlichen Erhöhung des Progesteronspiegels bei postpartalen Depressionen, Psychosen und beim prämenstruellen Syndrom.

Pulsatilla

Dieses Mittel passt bei sanften, eher schüchternen und empfindlichen Frauen. Bezeichnend sind die wechselhafte Stimmungslage und die Neigung zu Melancholie und Weinerlichkeit.

Q

Quarkwickel

Sie helfen dir bei einem Milchstau. Nach dem Stillen auf die Brust auftragen. Im Internet gibt es viele Anleitungen dazu.

Von A bis Z

R

Rote Beete

Rote-Beete-Saft reinigt den Körper von innen, vor allem die Leber.

S

Schlaflosigkeit

Für eine besonders intensive Behandlungsvariante kann man die sogenannte „**heiße Sieben**" in Erwägung ziehen. Diese wird primär mit dem Schüßler-Salz Nr. 7 – Magnesium phosphoricum – angewendet. Die „heiße Sieben" wird bei Schlafstörungen und Nervosität besonders geschätzt. Dabei werden in einer halben Tasse abgekochten, lauwarmen Wassers zehn Tabletten des Magnesium phosphoricums aufgelöst und umgerührt. Zum Umrühren empfiehlt es sich, anstatt eines metallischen Gegenstandes einen Holzstab oder -löffel zu verwenden.

Danach soll die Mischung in sehr kleinen Schlucken langsam getrunken werden. Dabei sollte jeder Schluck eine Weile im Mund gehalten werden, damit die Moleküle des Salzes schnell und effektiv durch die Schleimhaut dringen können.

Kombinationspräparate, die auch zur Langzeiteinnahme geeignet sind, sind pflanzliche Mittel aus Baldrian, Passionsblume und Hopfen. Der

Von A bis Z

Apotheker deines Vertrauens kann dich gut beraten.

Magnesiumfußbäder

Sie bereitest du mit Magnesiumöl/Magnesiumchlorid vor. Anleitungen gibt es dazu im Internet. Füße dazu in eine passende Schüssel stellen, nach Anleitung zubereiten und entspannen. Magnesium hat positiven Einfluss auf die Ausschüttung von Stresshormonen und dein Hormongleichgewicht.

Schilddrüse

Eine Schwangerschaft stellt höchste Anforderungen an die Schilddrüse, sowohl was den Jodstoffwechsel betrifft als auch die Hormonproduktion. Bitte lasse die Schilddrüsenwerte abklären, um eventuelle Ursachen für ein postpartales Stimmungstief zu finden.

T

Test der Hormone über den Speichel

Mit Speichelhormontests kannst du die Geschlechtshormone überprüfen lassen.

Infos zur Hormonselbsthilfe findest du im Internet unter: https://hormonselbsthilfe.de

Von A bis Z

V

Vitamin C

Es stärkt deine Abwehrkräfte. Nimm gern natürliches Vitamin C, z. B. Camu Camu, Acerola.

W

Weißkohlblätter

Lege sie bei Milchstau und Brustentzündung in den BH.

Warme Getränke statt kalten Wassers

Wasser ist ein ausgezeichneter Leiter für elektrische Energie. Der menschliche Körper besteht zu etwa zwei Dritteln aus Wasser, das Gehirn enthält sogar noch mehr. Alle elektrischen und chemischen Aktivitäten des Gehirns und des Zentralnervensystems sind abhängig vom Leitvermögen der Bahnen zwischen dem Gehirn und den Sinnesorganen. Dieses Leitvermögen steigerst du, indem du viel stilles Wasser trinkst.

Leider wird heute oftmals nicht genügend Wasser getrunken. Am besten trinkst du morgens nach dem Aufwachen ein Glas heißes Wasser mit Zitrone. Damit unterstützt du deinen Säure-Basen-Haushalt.

Von A bis Z

Über den Tag verteilt solltest du zwei bis drei Liter Wasser oder Tee trinken.

Psychischer und umgebungsbedingter Stress erschöpfen den Körper und entziehen den Zellen Wasser. Wassertrinken hilft dem Gehirn beim effizienten Speichern und Wiederabrufen von Informationen. Es aktiviert die elektronische und chemische Kommunikation zwischen Gehirn und Nervensystem. Auch verbessert eine ausreichende Wasserversorgung alle zum Leben benötigten Fertigkeiten. Wassertrinken verbessert die Konzentration, erhöht die Fähigkeit, sich zu bewegen und sich an Dingen zu beteiligen. Es verbessert die geistige und körperliche Koordination und vermindert Stress.

Y

Ying und Yang der Gefühle

Gefühle, auch die schlechten, sind Bestandteil unseres Lebens. Alle Gefühle gehören zum Leben, und kein Gefühl ist nutzlos, auch wenn du das meinst. Gefühle haben Botschaften. Du kannst dem Gefühl auf den Grund gehen und dich fragen: „Woher kommt diese Wut, Angst, Ohnmacht, Einsamkeit …?"

Gefühle entstehen durch Gedanken, mit denen wir eine Situation deuten. Dies geschieht in der Regel blitzschnell und bleibt daher meist unbewusst.

Von A bis Z

(Wenn du an etwas anderes denkst, fühlst du anders!)

Akzeptiere die Realität! Gefühle entstehen in einer Situation durch Bedürfnisse, die sich erfüllen oder aber auch nicht. Gefühle dienen uns als Helfer, die uns bezüglich unserer Bedürfnisse Klarheit und Verständnis bringen. Besonders in Zeiten großer Veränderung ist es wichtig, sich über die Bedürfnisse hinter den Gefühlen klarer zu werden.

Z

Zucker

Konsumiere wenig Zucker! Zu viel Zuckergenuss verursacht Vitamin-B-Mangel, der wiederum eine Östrogendominanz verstärken kann.

Das hier solltest du zur Einnahme homöopathischer Arzneien wissen (Pensel, o. J.):

Welche Potenz?

Für den Hausgebrauch bzw. für eine Eigenmedikation bei homöopathischen Potenzen wird D12 empfohlen.

Von A bis Z

Wie viel und wie oft?

Du legst dir am besten dreimal am Tag drei bis fünf Globuli unter die Zunge.

Zwischen der Einnahme der Globuli und einer Mahlzeit sollte eine Pause liegen. Bitte auch nicht zusammen mit Kaffee einnehmen.

 Von A bis Z

Stärkende Gedanken für die neue Lebensphase

Wie du aufkommenden Sorgen und Ängsten entgegenwirken kannst

Zum Abschied für heute möchte ich dir gerne ein paar Sätze mit auf den Weg geben, die meinen Klientinnen und mir sehr geholfen haben. Damit kannst du dich im Alltag wieder auf das Wesentliche fokussieren oder auch in manch stressiger Situation etwas zur Ruhe kommen und dein Selbstbewusstsein stärken.

Mit dem Aspekt, der mich heute am meisten beschäftigt, werde ich mich intensiv auseinandersetzen, ihn angehen und umsetzen. Ich treffe hierbei schnellstmöglich eine Entscheidung für meine Aufgabe, die

Stärkende Gedanken für die neue Lebensphase

mir aktuell gestellt wird. Ich sage mir nicht, dass ich etwas tun könnte oder müsste, sondern ich entscheide eigenständig, ob ich es tatsächlich angehe und in die Tat umsetze oder es erst einmal verschiebe.

Ich bin in dem festen Glauben, dass ich bis heute alle Höhen und Tiefen durchlebt und gemeistert habe. Bis dato ist alles gut verlaufen. Auch die zukünftigen Aufgaben werde ich angehen und meistern. Ich frage mich hierbei, was aus meinen Ängsten der Vergangenheit geworden ist. Wie viele meiner Befürchtungen sind wirklich in der Realität eingetroffen?

Ich mache mir keine Sorgen mehr, wenn ich zum jetzigen Zeitpunkt noch nichts ändern kann oder konnte. Ich stelle mir stattdessen meine persönliche optimale Situation für diesen Fall vor. Denn meine innere Energie folgt meinen Gedanken, und die Gedanken, die ich habe, erschaffen meine Realität.

Ich teile mein Leben in kleine Zeiteinheiten auf. Die Aufgaben, die ich mir für einen Tag vornehme und angehen möchte, sind für mich somit einfacher zu bewältigen. Das schaffe ich jeden Tag! Wenn ich

Stärkende Gedanken für die neue Lebensphase

mich mit meinen Aufgaben überfordert fühle, unterteile ich sie in kleine Abschnitte. Jeder dieser Abschnitte wird dann von mir einzeln und in kleinen Schritten angegangen und bewältigt. Ich mache dabei immer nur einen Schritt nach dem anderen.

Ich stelle mir selbst folgende Frage: Was hat mir während der letzten 24 Stunden besonders gut gefallen und ist mir gut gelungen? Somit trainiere und erlerne ich, mich auf das Positive in meinem Leben zu fokussieren und konzentrieren.

Gedanklich stelle ich mir vor, was im schlimmsten Fall passieren könnte, und frage mich dann, wie realistisch das Eintreffen dieses *Worst Case* denn wirklich ist. Notfalls kann ich dann andere um Unterstützung und Hilfe bitten.

Wenn ich für mich an eine Grenze stoße, suche ich nach einer Möglichkeit, diese zu überwinden. Habe ich eine Möglichkeit nicht sofort parat, suche ich nach einer entsprechenden Lösung. Ich stelle mir hierbei die Frage, wie es nun weitergehen kann. Hilfreich wäre zudem

Stärkende Gedanken für die neue Lebensphase

auch in dieser Situation, meine beste Freundin oder eine vertraute Person um Rat und Unterstützung zu fragen.

Aufgeben, resignieren und kapitulieren sind für mich *keine* Optionen!

Ich lasse mich nicht von anderen Menschen dazu verleiten, mir selbst unnötige Sorgen zu machen.

Ich schenke den Aussagen der Menschen, die mir ein schlechtes Gewissen oder Versagen suggerieren, keinerlei Beachtung. Ich frage nur Menschen um Rat und Unterstützung, die mich so annehmen, wie ich bin und sein möchte.

Wenn ich frustriert bin, dann handele ich entsprechend und lasse meinen schlechten Gefühlen freien Lauf.

Stärkende Gedanken für die neue Lebensphase

Ich kann z. B. sofort die negativen Energien entladen, indem ich einfach in ein Kissen brülle oder mich körperlich mittels Sport betätige. Oder ich tue mir selbst etwas Gutes. Ich nehme mir einfach eine kleine Auszeit. Dabei gönne ich mir Zeit nur für mich, mit vielleicht einer Dusche, einer Tasse Tee oder einem guten Buch.

Ich besinne mich, denn alles ist eine Frage der Anschauung und Perspektive. Probleme und Sorgen, die mich in der Vergangenheit belastet haben, stellen heute für mich wahrscheinlich keine mehr dar.

Wie verhält es sich mit meinen aktuellen Problemen und Sorgen? Werden diese in absehbarer Zukunft noch von Wichtigkeit oder Bedeutung sein?

# Stärkende Gedanken für die neue Lebensphase

Es ist nicht förderlich und zielführend, wenn ich mir permanent Sorgen mache. Ich versuche hingegen, mit einer positiven Haltung und Grundeinstellung meine Probleme anzugehen und zu lösen.

Bei der Verfolgung aller meiner Pläne und Ziele bin ich fest davon überzeugt, dass ich sie erreichen werde! In mir und meinem Bewusstsein ist fest verankert, dass ich immer eine Lösung für meine Probleme finde, wenn ich fest daran glaube, und die Dinge zielstrebig, aber dennoch mit einer gewissen Gelassenheit angehe.

Ich erwarte nicht von mir, dass es mir immer und dauerhaft gut geht. Es ist mir bewusst, dass auch negative Erlebnisse und Emotionen zu meinem Leben gehören.

Stärkende Gedanken für die neue Lebensphase

Gleichsam wie Muskeln durch Training gestärkt werden und wachsen, so wachse auch ich an meinen Aufgaben. Selbst dann, wenn diese manchmal groß und scheinbar unüberwindbar erscheinen mögen. Ich habe keine Angst, mich ihnen zu stellen, denn ich weiß, dass für jedes Wachstum gleichzeitig Sonne und Regen notwendig sind. Es gibt kein Licht ohne die Dunkelheit. Ich reflektiere und erinnere mich dabei, wie sehr ich mich und meine Persönlichkeit in den letzten Jahren weiterentwickelt habe.

Werde Glückssammlerin!

Notiere schöne und positive Momente

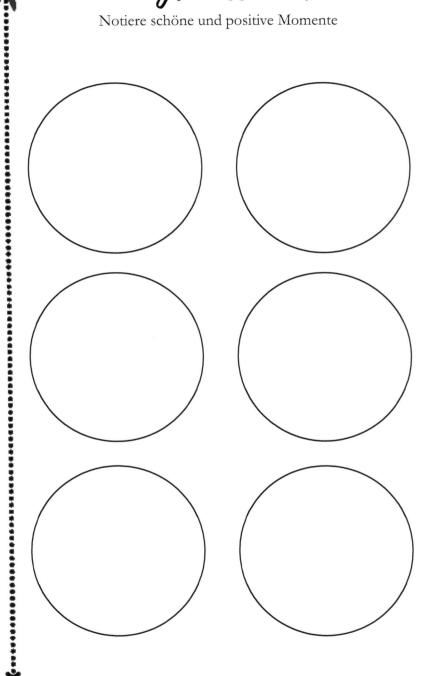

Werde Glückssammlerin!

Notiere schöne und positive Momente

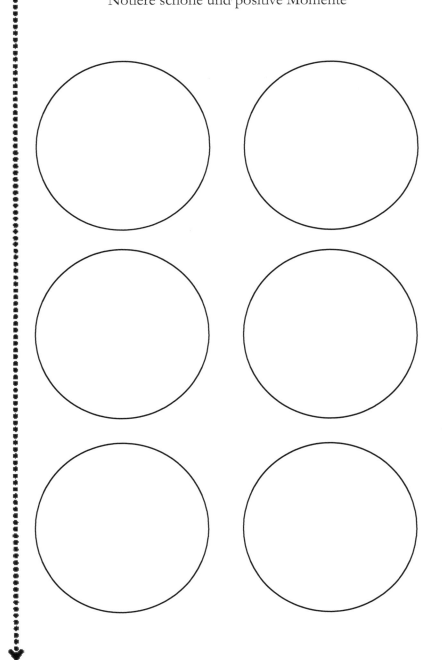

Werde Glückssammlerin!

Notiere schöne und positive Momente

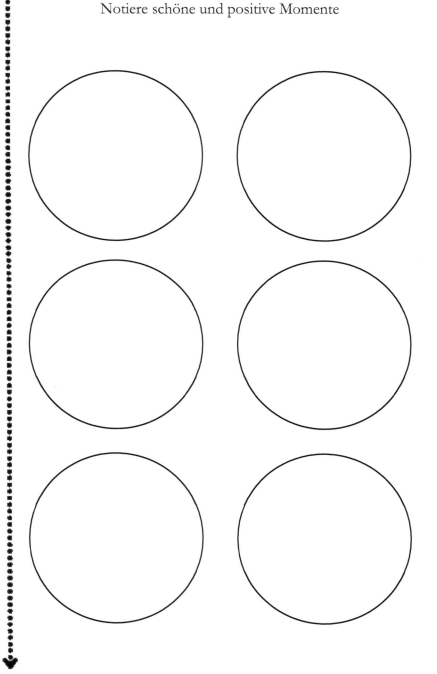

Werde Glückssammlerin!

Notiere schöne und positive Momente

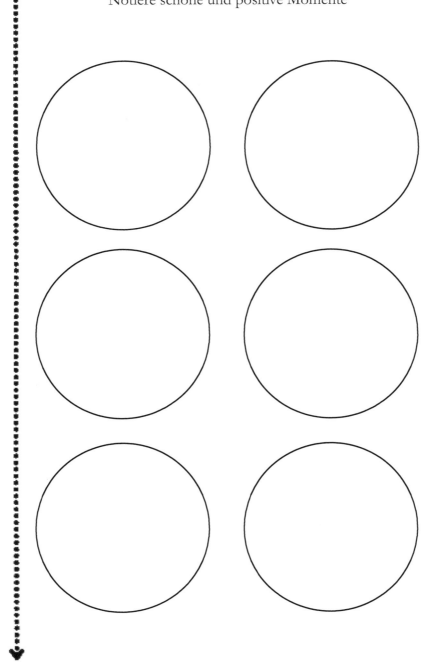

 *Stärkende Gedanken für die neue Lebensphase*

Die Autorin

Biografie

Kristina Lunemann, Jahrgang 1977, in Dortmund geboren und aufgewachsen, studierte Soziologie, Erziehungswissenschaften sowie Sozialpsychologie an der Ruhr-Universität Bochum.

Sie hat zwei Kinder und lebt mit ihrer Familie in Münster.

Mit MamasNest® bietet sie deutschsprachigen Frauen rund um den Globus maßgeschneiderte Angebote und Hilfen zu Themen, mit denen frisch gebackene Mütter konfrontiert sind.

Nach der Geburt ihres ersten Kindes wurde sie erstmalig auf das Thema von Depressionen nach der Geburt aufmerksam.

Ihre durchlebte Wochenbettdepression nahm sie kurzerhand zum Anlass, ihren beruflichen Schwerpunkt dort zu setzen.

Die Autorin

Als ausgebildete Familienberaterin und Heilpraktikerin für Psychotherapie hat sie u. a. Ausbildungen in systemischer Sozialtherapie, Autogenem Training, EFT sowie Hypnose und ist anerkannter Kinder- und Jugendcoach.

Auf der Suche nach Hilfe für sich selbst wurde sie auf den Verein „Schatten & Licht e. V." aufmerksam. Seit vielen Jahren ist sie dort nun Mitglied und als ehrenamtliche Beraterin tätig.

In ihrer Tätigkeit als Postpartum Coach und Hüterin von MamasNest® begleitet sie Mütter wie dich, die von ihren Erfahrungen während und nach der Geburt überrascht wurden. Sie unterstützt dich dabei, dich in der Familienphase gesund und wohlzufühlen.

Meine Botschaft an dich

Unser Leben ist eine ständige Entwicklung. Unsere Psyche ist nichts Statisches, sondern etwas Dynamisches. Unser Leben ist geprägt von Übergängen in neue Lebensphasen. Wir werden konfrontiert mit ständigen Wandlungsprozessen.

Jeder geht einen individuellen Weg. Wir versuchen, unser Leben zu gestalten, dabei bewegen wir uns immer in einem Spannungsfeld zwischen zwei Polen: hell und dunkel, außen und innen, Glück und Trauer, Veränderung und Wachstum. Hier geschehen Veränderungen. Unser Leben bleibt nur durch Wandlung lebendig. Wenn nichts mehr funktioniert, kämpfe nicht dagegen an – das führt nur zum Stillstand deiner Entwicklung.

Die Autorin

In Krisen liegen auch Chancen. Du kannst neu sortieren, dich sortieren, loslassen. Ziehe dich zurück, hole dir Kraft von innen. Krisen erzwingen den Weg nach innen. Brauchst du Hilfe bei einem schwierigen Seelenspaziergang, dann bist du willkommen bei mir.

Folge den seelischen Impulsen bedingungslos und frage dich täglich: Was will meine Seele? Was wünsche ich mir aus tiefem Herzen?

Wie du mit mir in Kontakt treten kannst

Als Postpartum Coach werde ich ...

… dir genau erklären, was du in der Zeit nach der Geburt machen solltest.

… dir in der emotionalen Zeit nach der Geburt zur Seite stehen.

… dir Vorschläge machen, die helfen, dich um dein Baby, dich selbst, deine Beziehung, dein Zuhause und um deine psychische Gesundheit zu kümmern.

… mit dir durch diese schwierige Zeit gehen und dich auf dem Weg durch die Anfangszeit der Mutterschaft unterstützen.

Die Autorin

Ich möchte dir helfen, an deinen schicksalhaften Erfahrungen zu wachsen und nicht zu zerbrechen.

Wenn du dir weitere Begleitung wünschst, dann wirf einen Blick auf meine Angebote für dich. Du verdienst es, das Leben zu leben, das dir und deiner Familie guttut.

Ich bin dankbar, dass ich dich dabei begleiten darf.

Alle Grafiken aus diesem Ratgeber findest du auch als Dateien zum Download. Hier kommst du zum PDF:

https://mamasnest.online/buch-extras/

Ich lade dich herzlich ein, dir das PDF „Wissen, woher der Stress kommt" herunterzuladen: https://mamasnest.online/freebies-shop/

Für ein kostenloses Kennenlerngespräch mit mir nutzt du diesen Link: https://mamasnest.online/kontakt/

Unter www.mamasnest.online gelangst du auf meine Website, und über www.instagram.com/mamasnest.online kannst du mir bei Instagram folgen.

Wenn du Interesse an dem MamasNest-Newsletter hast, trage dich hier ein: https://mamasnest.online/freebies-shop/

Die Autorin

Scanne mich drüber!

Lasse uns in Kontakt bleiben! Ich freue mich darauf.
Deine Kristina

Die Autorin

Quellenverzeichnis

Aue, Katja (2011). Ernährung in der Stillzeit. Deutsche Apotheker-Zeitung. https://www.deutsche-apotheker-zeitung.de/daz-az/2011/daz-25-2011/ernaehrung-in-der-stillzeit, letzter Zugriff: 02.05.2022.

Bloemeke, Viresha J. (2015). Es war eine schwere Geburt. Wie schmerzliche Erfahrungen heilen. Kösel Verlag.

Brogan, Kelly (2017). Die Wahrheit über die weibliche Depression. Warum sie nicht im Kopf entsteht und ohne Medikamente heilbar ist. Beltz Verlag.

Cox, John und Holden, Jeni (2003). Perinatal mental health: A guide to the Edinburgh Postnatal Depression Scale (EPDS). Royal College of Psychiatrists.

Erchova, Inga (2017). Jede Mutter kann glücklich sein. Integral.

Quellenverzeichnis

Gesundheit.GV.at (2020). Vitamin B6. https://www.gesundheit.gv.at/leben/ernaehrung/info/vitamine-mineralstoffe/wasserloesliche-vitamine/vitamin-b6, letzter Zugriff: 02.05.2022.

Haines, Steve (2019). Trauma ist ziemlich strange. Carl-Auer Verlag.

Hobert, Ingfried (1997). Das Handbuch der natürlichen Medizin. Ariston Verlag.

Holmes, Tom (2013). Reisen in die Innenwelt. Systemische Arbeit mit Persönlichkeitsanteilen. Kösel Verlag.

HormonSelbsthilfe (o. J.). Website. https://hormonselbsthilfe.de/, letzter Zugriff: 20.02.2022.

Junge, Herta (2017). Emotion, Gefühl und Empfindung. https://docplayer.org/320062-Emotion-gefuehl-und-empfindung.html, letzter Zugriff: 11.04.2022.

Kharrazian, Datis (2017). Schilddrüsenunterfunktion und Hashimoto anders behandeln. VAK Verlag.

Levine, Peter A. (2011). Sprache ohne Worte: Wie unser Körper Trauma verarbeitet und uns in die innere Balance zurückführt. Kösel.

Levine, Peter A. (2015). Vom Trauma befreien. Wie Sie seelische Blockaden lösen. Kösel.

Quellenverzeichnis

Meissner, Brigitte Renate (2013). Emotionale Narben aus Schwangerschaft und Geburt auflösen. Brigitte Meissner Verlag.

Nikleski, Günter und Riecke-Nieklewski, Rose (2018). Medikamente im Test. Depression und Burnout. Stiftung Warentest.

Northrup, Christiane (2002). Frauenkörper. Frauenweisheit. ZS Verlag.

Oliveira, Julicristie M., Allert, Roman und East, Christine E. (2016). Nahrungsmittelergänzung mit Vitamin A für Frauen nach der Geburt. Cochrane. https://www.cochrane.org/de/CD005944/PREG_nahrungsmittelerganzung-mit-vitamin-fur-frauen-nach-der-geburt, letzter Zugriff: 02.05.2022.

Pensel, Hartmut (o. J.). Die homöopathische Begleitung der Entbindung. Homoeopathie-heute.de. Das Homöopathieportal. https://www.homoeopathie-heute.de/aktuelles-archiv/2010/die-homoeopathische-begleitung-der-entbindung/, letzter Zugriff: 20.02.2022.

Poole Heller, Diana und Heller, Laurence S. (2012). Trauma-Lösungen. Grundlagen zur Trauma-Arbeit. Synhesis Verlag.

Rehberg, Carina (2022). Vitamin-D – Das Sonnenvitamin. Zentrum der Gesundheit. https://www.zentrum-der-gesundheit.de/ernaehrung/vitamine/vitamin-d-uebersicht/vitamin-d, letzter Zugriff: 02.05.2022.

Sahib, Tanja (2016). Es ist vorbei – ich weiß es nur noch nicht. Bewältigung traumatischer Geburtserfahrungen. BoD Verlag.

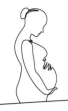

Quellenverzeichnis

Salis, Bettina (2007). Psychische Störungen im Wochenbett. Möglichkeiten der Hebammenkunst. Urban und Fischer.

Schatten & Licht e. V. (o. J.). Selbsthilfegruppe. https://schatten-und-licht.de/, letzter Zugriff: 28.02.2022.

Schatten & Licht e. V. (2020). Progesteron-Therapie. https://schatten-und-licht.de/wp-content/uploads/2020/05/Praevention-Progesteron.pdf, letzter Zugriff: 26.02.2022.

Schrimpf, Ulrike (2013). Wie kann ich dich halten, wenn ich selbst zerbreche? Meine postpartale Depression und der Weg zurück ins Leben. Südwest.

Serrallach, Oscar (2018). Postpartale Erschöpfung: Wenn der Körper nach der Geburt streikt. VAK Verlag.

Stadelmann, Ingeborg (2005). Die Hebammensprechstunde. Stadelmann Verlag.

Tsabary, Shefali (2015). Entdecke dich selbst durch dein Kind. Wie wir Kinder achtsam erziehen, indem wir Veränderung in uns selbst zulassen. Mvg Verlag.

Tschech, Bärbel (2022). B-Vitamine: für starke Nerven! So erkennen Sie einen Vitamin-B-Mangel. Pascoe Natural Medicine. https://www.pascoe.de/anwendungsbereiche/vitamine/vitamin-b-mangel.html, letzter Zugriff: 02.05.2022.

Quellenverzeichnis

Wolff-Counihan, Sabine (o. J.). Bachblüten. Sanfte Seelentröster für Schwangerschaft und Geburt. Leben & erziehen. Was zählt, ist Familie. https://www.leben-und-erziehen.de/schwangerschaft/gesundheit-wellness/bachblueten-fuer-schwangerschaft-und-geburt.html, letzter Zugriff: 20.02.2022.

Persönliche Empfehlung (Werbung)

Kirsten Ohlhagen (o. J.). Effektives Beckenbodentraining. Einfach. Zuhause. Online. https://www.effektives-beckenbodentraining.de/, letzter Zugriff: 07.04.2022.

In der Hoffnung, dass es dich anspricht und dir hilft, deinen Körper zu unterstützen. Bei einem Kauf auf Kirstens Website gib gern, wenn du magst, diesen Gutscheincode ein: #mamasnest. Dadurch erhältst du das Trainingspaket 10 Prozent günstiger und ich eine kleine Provision.

 Haftungsausschluss

Haftungsausschluss

Dieses Buch enthält Meinungen und Ideen der Autorin. Der Ratgeber hat die Absicht, Müttern, die vor Kurzem entbunden haben, hilfreiches und informatives Wissen zu vermitteln.

Die enthaltenen Strategien passen möglicherweise nicht zu jeder Mutter. Ich gebe keine Garantie dafür, dass sie auch wirklich bei jeder Leserin funktionieren. Die Benutzung dieses Buches und die Umsetzung der darin enthaltenen Informationen erfolgen ausdrücklich auf eigenes Risiko.

Damit sich empfohlene Nahrungsergänzungsmittel und pflanzliche Mittel nicht negativ auf deine Muttermilch auswirken, befrage am besten einen ganzheitlich arbeitenden Arzt oder Heilpraktiker dazu.

Haftungsansprüche gegen mich für Schäden materieller oder ideeller Art, die durch die Nutzung oder Nichtnutzung fehlerhafter und/oder unvollständiger Informationen verursacht wurden, sind ausdrücklich ausgeschlossen. Das Werk, inklusive aller Inhalte, gewährt keine

Haftungsausschluss

Garantie oder Aktualität, Korrektheit, Vollständigkeit und Qualität der bereitgestellten Informationen. Druckfehler und Fehlinformationen können nicht vollständig ausgeschlossen werden.

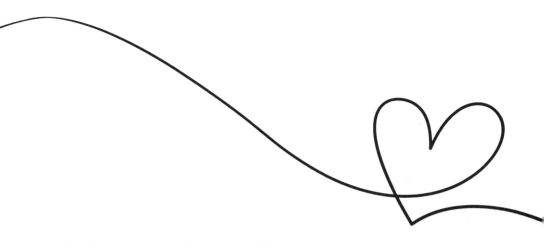

Du bist genau *die richtige Mama*
für *dein Baby*.

Dein Baby hat sich *dich* ausgesucht.

Du darfst jetzt in *deinem Tempo*
in deine neue Rolle hineinwachsen.

Printed in Poland
by Amazon Fulfillment
Poland Sp. z o.o., Wrocław